丁彥鈞自創投資評分表

教你輕鬆學會
投資營建股

丁彥鈞◎著

CONTENT 目錄

CHAPTER 1
扎穩馬步　建立正確觀念

CHAPTER 2
實戰演練 深入分析個股

跟著學霸會計師
用完整且全新的角度看營建股

談到房地產和營建股，我也算是從小耳濡目染。邱媽媽（編按：指邱沁宜的媽媽）除了喜歡看財經節目、投資理財外，最大的興趣就是看房子。

所以，小時候我的假日活動，不是跟著媽媽一起到處看房子，就是陪媽媽在家裡寫紅字條買賣房子（啥米？你沒聽過紅字條？代表你很年輕，當然不是寫春聯啦）。

由於這幾年房價比較趨緩，投資人似乎比較少著墨營建股，但其實營建股今昔已大不同了。

例子1》10年前營建股的股價波動度是50%左右，現在則是長期維持在10%～15%。

例子2》10 年前營建股是需要拿錢來周轉的公司，但現在卻是變成高股利股票，平均現金股利殖利率約有 6%。

營建股的評價差異這麼大，代表你應該用新的思維看待營建股。

《丁彥鈞自創投資評分表　教你輕鬆學會投資營建股》是一本用完整且全新的角度看待營建股的書，書中講的一些觀念也讓我受益良多。例如，有一篇提到營建股如何認列收入，有所謂的「完工比例法」與「全部完工法」，這代表如果營建股有長期穩定的銷售收入、穩定地蓋房子，它應該不再只是景氣循環股票，而是穩定收息的高殖利率股票。這也許就是為何現在營建股波動變小的原因，雖然絢爛的爆發期過去了，但能穩定地賣房子也不是件壞事。

若再觀察全球的股票，營建股也未必是高波動或者受景氣循環影響很大的股票。例如日本的房地產股股性一直很穩定，因為它們出售房子主要是給房地產不動產基金收息用，所以利潤很穩定。而美國的營建股在 2020 年的行情更是表現相對突出，原因是這幾年美國房市受限於市區開

地少，供給有限，房價穩定上漲，建商獲利也很穩定，推升股價評價。

但若觀察中國房地產股票的股性，卻是股價波動最大的類別之一。所以房地產股票也會因為每個地區的情況不同，有很大的差異。

不管你以前有沒有投資過營建股，也不論投資的經驗多寡，你可能都需要重新了解營建股。學霸會計師丁彥鈞對營建股一直有全盤獨到的看法，本書內容將會開啟你的新思維，推薦給大家。

財經節目主持人

有足夠的知識
才是股海長勝的最佳保證

　　各位讀者大家好，很高興有這個機會，幫大家推薦一位很厲害的作家／投資人。丁彥鈞從小就是個資優生，大學就讀台灣大學會計系雙主修財金系，獲得 4 個學期的書卷獎，而且只花了 1 年半時間，就從台灣大學財金所畢業。

　　《丁彥鈞自創投資評分表　教你輕鬆學會投資營建股》這本書主要是在分析營建股，營建股可以說是標準的景氣循環股，投資人如果不了解產業特性，在公司獲利好、殖利率高時買進，接下來卻不幸碰到推案高峰已過，就有可能受傷。

　　例如長虹（5534）在 2012 年和 2013 年的每股盈餘（EPS）都超過 20 元，當時殖利率超過 9%，股價最高超

過百元。可是由於投機客瘋狂炒作房價，引發民怨，政府
接連採取房市冷卻措施後，長虹股價一路下跌。

2015 年年底，我觀察到長虹的獲利降到歷史低點，股價
也從百元高峰滑落到 40 元附近，當時長虹的董事長高喊
隔年有望獲利 1 個股本，我看到新聞之後開始評估，然後
在長虹股價 40 元附近買進，持有至今除了賺到 1 倍的價
差（2020 年 2 月 27 日長虹收盤價 81.8 元），每股還能
領取 22 元的現金股利（編按：長虹 2016 年、2017 年、
2018 年和 2019 年分別配發 2.8 元、6 元、6.2 元和 7 元
的現金股利），獲利算是不錯。

後來想要複製在長虹的成功經驗，就開始尋找其他營建
股的標的。2018 年年底，我發現日勝生（2547）獲利從
谷底反彈，遂開始買進（編按：日勝生股價在 2018 年年
底約 13 元～ 16 元左右）。

幸好在 2019 年時，我跟丁彥鈞同時參加某一場活動，我
向他請教對這檔股票的看法，他很誠實地跟我說，他覺得
日勝生 2019 年獲利的能見度不高，所以我也趕緊出脫手

中持有的日勝生股票。還好我跑得快,後來日勝生的股價一路下滑,最低來到 9.8 元(2020 年 2 月 3 日盤中低點)。

從上面的例子可以看出,營建股並不是買進後放著存股就好,必須持續追蹤後續的推案。但是,由於建設公司的營業週期較長,從規畫建案到銷售完畢,往往需要 5 年的時間,加上 2013 年採用《國際財務報導準則(IFRS)》之後,會計上多採用「全部完工法」認列獲利,會導致付出與獲利在時間上不配合的情況。因此,營建股的營收與獲利波動極大,投資人必須密切觀察公司建案的進展,以及銷售時房價的高低,才能夠獲利,這些都需要足夠的知識來做判斷!

我個人習慣將營建股分成 2 種:大型領股利、小型賺價差。例如長虹、華固(2548)、遠雄(5522)、興富發(2542)……這些大型建商,建案都很穩定,每年也配發不錯的股利,可以用來存股。但是小型建商有可能 3 年不開張,開張吃 3 年,一旦有了新的建案推出,往後幾年的獲利跟股價就有可能大爆發!然而,不管是大型還是小型建商,都會受到景氣循環的影響,如果能夠具備營建股分

析的能力，在景氣低點時買進，在景氣高峰時出脫，獲利
將會非常迷人。

　　由於丁彥鈞的專長是會計跟財經，分析公司的財務報表
可以說是得心應手，研究營建股更是如虎添翼，往往能夠
看到一般投資人所忽略的重點。很高興丁彥鈞推出了這本
營建股的聖經，不僅教大家如何看懂財務報表、營建業認
列收入方式，更詳細地拿建商股票來做個案分析，讓大家
可以明白投資營建股的評估與決策過程。

　　在這邊誠心的推薦，想要從營建股獲利的朋友，請你一
定要買書來好好的研究。有足夠的知識，才是股海長勝的
最佳保證。

《上班族的 ETF 賺錢術》作者

親身證明投資營建股
也能獲得良好報酬

許多人好奇，為何我想要出一本全部都在寫營建股的書？其實原因很簡單，純粹是為了爭一口氣，想向大家證明，投資營建股也能夠得到好的報酬。

在我尚未成名之前，由於看法與眾不同，且營建股並非市場主流，常常受到嘲諷：「房價要跌了，現在買營建股，有沒有搞錯！」身為獅子座的我，為了證明自己，也為了爭一口氣，經過不斷地嘗試與修正，找出一套穩健的投資邏輯，利用營建股賺取了 237% 左右的年化報酬率。

一般來說，投資要能賺大錢，有 2 個條件：第 1 個，自己的想法和市場不一樣；第 2 個，自己的想法是對的。如果自己的想法和市場一樣，想買的時候股價就已經漲上去

了。必須市場看衰，導致股價下跌，這時才有機會撿便宜。隨著時間的經過，如果自己的看法正確，股價就會漸漸反映公司的價值，此時用高價賣出，就能賺取獲利。對我而言，營建股就是可以讓我賺大錢的選項。

在台灣的股票市場裡，許多投資人都特別青睞電子股，然而電子股的股性卻不好捉摸。投資電子股時，通常是股價莫名其妙漲了一段，等到財報公布以後，才發現獲利大幅成長，但此時再買進，已經來不及了。

而營建股的股性卻剛好相反，通常是財報公布後，如果財務指標非常漂亮，這時股價才會緩慢上漲。雖然營建股的股價很少漲停，但卻常常漲個不停。不像電子股的股價漲得又快又急，因此投資人有機會可以買在低點。

由於電子股的股價通常是漲在財報之前，若不熟悉相關產業，很難僅靠財報分析就賺取大額獲利。而營建股的股價通常是漲在財報公布之後，因此可以等財報公布以後，再選擇股價被低估的營建股逢低買進，放著每天睡覺，等建案完工入帳後再賣出持股，賺取超額報酬。

營建股之所以會有這樣的特性，主要是因為 2013 年上市櫃公司全面導入《國際財務報導準則（IFRS）》。由於新的會計準則對營收與獲利的認列標準變得比以前更嚴格，即使預售屋賣出去，也收到定金，但完全不能認列收入，必須等到完工才能一次認列全部的收入。完工才能一次認列收入，讓營建股每年獲利波動的幅度變大，很難用本益比去進行投資決策，讓很多價值投資者望之卻步。也正因如此，營建股的股價常常被市場低估。但是只要能夠找到正確的投資邏輯，往往會有超乎預期的報酬。

　　綜觀我的投資經歷，自我開始投資營建股以來，績效都很不錯，代表我所使用的方法應該是可行的。因此，我將自己多年投資營建股的心法整理後寫下來，希望能夠讓讀者更加了解營建股。

　　本書共分 2 章，第 1 章是有關營建股的介紹，例如台灣有哪些營建股？在投資營建股時，應該要關注哪些財務指標？營建股認列收入的方式與一般產業有何不同？營建股的價格應該要如何評估？可以去哪裡查到相關的資料等等。第 2 章是個案分析，會針對我自己有買進或者有研究過的

營建股個案做介紹，向大家說明我持有這一檔股票的原因，以及我是如何推估該檔營建股的獲利價格等等。

　看書是為了增加自己的報酬率，還是為了過癮？這本書可以幫助投資人增加知識，但不見得很有趣。如果想看有趣的書，建議可以翻閱武俠小說。如果希望增加自己的財富，我會建議讀者認真閱讀這本書，相信一定能夠從中得到很大的收穫。

CHAPTER 1

扎穩馬步
建立正確觀念

基本介紹》
1-1　營建業分為建設、營造公司2類

　　許多人認為，營建股的營收認列方式與一般產業不同，獲利很難預估，但其實營建股的獲利資訊都藏在財報中。接下來我會教大家如何挖掘可用的情報，先來介紹什麼是營建股。一般所稱的營建業可以再細分為「建設公司」與「營造公司」。建設公司的業務是規畫建案再賣給消費者，賺取利潤；而營造公司是負責承包工程，依照建設公司給的設計圖去施工，賺取利潤。當建案完工時，不動產的所有權屬於建設公司，營造公司不需要負責銷售。

營造公司》依完工比例法認列，與一般產業相同

　　基本上，營造公司的客戶為特定的建設公司，建設公司對於建案的結構有決定權。營造公司在會計上採用「完工

比例法」認列。由於營造公司隨著時間的經過，付出多少勞力就認列多少營收，與其他的產業一樣，並無特殊之處，使用一般的投資邏輯分析營造公司即可，故而此書不討論營造公司的投資方式，主要著重於建設公司。

若排除營造公司，上市公司中共有 47 家建設公司（詳見表 1）。其中，鼎固-KY（2923）為境外公司來台上市，主要建案位於中國。而上櫃公司共有 25 家建設公司。其中，龍巖（5530）雖然賣的不是陽宅，是陰宅，但投資邏輯與其他建設公司是一致的。興櫃公司則只有 1 家建設公司——樂揚（2599）。

建設公司》不動產完成移轉登記時，才能認列獲利

建設公司的營業週期較長，從規畫建案到銷售完畢，可能需要 5 年的時間，會計上多採用「全部完工法」認列獲利，會導致付出與獲利在時間上不配合的情況。當建設公司購買土地時，帳上會有現金流出，但不能認列獲利；當建設公司支付承包商工程款時，帳上會有現金流出，也不能認列獲利；當建設公司銷售預售屋時，預先收到客戶繳

納的定金，此筆資金進入信託專戶，使用受限制，一樣不能認列收入。

那究竟要等到什麼時候，建設公司才能認列營收和獲利呢？答案是要等到不動產完成移轉登記。只有當不動產所有權從建設公司移轉給客戶時，建設公司才可以認列營收與獲利。

由此可知，在建設公司的營業週期中，大部分的時間都不會有營收和獲利。但只要等到建案完工交屋，此時的營收與獲利會像核子彈一樣大爆發，年增 1 萬倍、10 萬倍都有可能。由於全部完工法的營收認列方式很特別，讓有一些使用財務指標選股的投資人感到崩潰，常常不知道在這種情況下要怎麼選股。這也是我撰寫此書的原因，希望能夠幫助讀者找出投資營建股的致勝方式。

此外，建設公司亦會採用完工比例法，但此種情況較少（詳見 1-4）。

同樣都望向窗外，有人看到天上燦爛的星空，有人卻看

表1 在台股上市的建設公司共有47家
——上市、上櫃、興櫃建設公司

項目	公司（股號）
上市	上　曜（1316）、華友聯（1436）、裕　豐（1438）、名　軒（1442）、大　將（1453）、怡　華（1456）、勤　美（1532）、寶　徠（1805）、潤　隆（1808）、新美齊（2442）、國　建（2501）、國　揚（2505）、太　設（2506）、全坤建（2509）、太　子（2511）、龍　邦（2514）、中　工（2515）、冠　德（2520）、京　城（2524）、宏　璟（2527）、皇　普（2528）、華　建（2530）、宏　盛（2534）、宏　普（2536）、聯上發（2537）、基　泰（2538）、櫻花建（2539）、興富發（2542）、皇　翔（2545）、日勝生（2547）、華　固（2548）、台　開（2841）、夆　典（3052）、總　太（3056）、昇　陽（3266）、欣　陸（3703）、隆　大（5519）、遠　雄（5522）、順　天（5525）、鄉　林（5531）、皇　鼎（5533）、長　虹（5534）、達　麗（6177）、欣巴巴（9906）、潤泰新（9945）、三發地產（9946）、鼎固-KY（2923）
上櫃	綠　意（2596）、鑫龍騰（3188）、海　灣（3252）、佳　穎（3310）、森　寶（3489）、皇　龍（3512）、聯　上（4113）、三　圓（4416）、富　宇（4907）、坤　悅（5206）、亞　昕（5213）、士　開（5324）、昇　益（5455）、永信建（5508）、力　麒（5512）、三　豐（5514）、豐　謙（5523）、志　嘉（5529）、龍　巖（5530）、亞銳士（6171）、新　潤（6186）、理　銘（6212）、富　旺（6219）、富　裔（6264）、裕　國（8905）
興櫃	樂　揚（2599）

資料來源：公開資訊觀測站

到地上泥濘的道路。建設公司因為財務報表（以下簡稱財報）的特殊性和其他產業不一樣，增加研究的難度，使得很多人望之卻步。但也因為研究的人比較少，導致市場缺乏效率，很多優質的建設公司股價被低估，只要能夠找對方法，往往可以創造超額報酬。由於財報中的「合約負債」與「未認列合約承諾」具有會計上的預測價值（詳見 1-2），能夠預測建設公司未來年度的營收與獲利，只要抓緊 2 個指標，投資營建股就變得非常簡單。

投資如此，人生亦如此。換個心境，換個想法，人生從此豁然開朗。有時危機就是轉機。以建設公司而言，由於其財報具特殊性，增加分析上的難度，這是個危機。然而一旦找到竅門，危機就變成轉機了。因此，投資人與其抱怨會計準則的改變，不如動腦找出破解的方法。看向人生的光明面，永遠充滿正面能量，活得才會快樂，生命才會具有意義。

財務報表》
掌握資產負債表、綜合損益表

　　1-1 有提到，建設公司的財務報表（以下簡稱財報）與一般公司不同，下面我會向讀者介紹，在投資營建股時，需要注意的財務項目，主要是資產負債表和綜合損益表的部分。至於權益變動表和現金流量表，由於這 2 張報表對於投資營建股來說重要性沒那麼大，故可略過不看。

資產負債表》待售房地不應占存貨比率過高

　　資產負債表是一家公司在某特定日財務狀況的表格，是一種存量的概念。

　　資產負債表主要包含資產、負債和權益 3 個項目。其中，「資產」是指未來會替公司產生經濟資源流入的項目，又

可分為流動資產與非流動資產，是公司的權利；「負債」
是指未來會替公司產生經濟資源流出的項目，又可分為流
動負債與非流動負債，是公司的義務；「權益」是指屬於
股東的部分，等於資產總額減除負債總額。

　　建設公司的資產中，存貨的金額約占 8 成。因此在研究
建設公司的財報時，最重要的就是觀察存貨的組成項目（可
分為待建土地、在建房地和待售房地）。其餘占比不高的
部分，像是現金及約當現金等，稍微瀏覽過即可，不需要
花太多時間。負債的部分，因為營業活動負債不需要支付
利息，為好的負債，因此必須將負債拆成金融負債與營業
活動負債個別分析。

　　下面我會將資產負債表較重要的項目挑出來一一介紹：

1. 流動資產

　　流動資產一般是指可以在 1 年以內或 1 個營業週期內變
成現金的資產。1 個營業週期指建設公司買入土地、建造
房屋、出售不動產、直到收回現金的這段期間。由於建設
公司的營業週期長達 3 年到 5 年，故建設公司區分流動與

非流動的標準，並非以 1 年為界限劃分，而是以 3 年～ 5 年為界線劃分。

　　流動資產包含現金、應收帳款、短期投資、存貨、預付費用等，其中，檢視建設公司時，特別需要注意的是「現金及約當現金」和「存貨」兩個項目。

　　①**現金及約當現金**：現金包括庫存現金、零用金及銀行存款。台灣有特定投資族群，期望每年能領到現金股利，因此可將特定的營建業類股如長虹（5534）、華固（2548）、興富發（2542）當作定存股。

　　公司要配發多少現金股利，與公司整體的營運規畫有關。我們可以打電話詢問公司發言人、從法說會中了解公司的股利政策，或是可以觀察建設公司目前的現金水位，評估發放現金股利的能力。

　　②**存貨**：指公司購入或製造以出售賺取利潤的商品。一般的企業，將土地及房屋分類為不動產、產房及設備。然而，由於建設公司的土地及房屋，主要是拿來賣的，所以

分類為存貨。雖然建設公司的存貨同樣列在流動資產項下，但不代表 1 年以內就會出售。這表示存貨變成現金的速度有可能會比較慢，但影響其實也不會太大，可以不用理會。

　　建設公司的存貨，又可以分為待建土地、在建房地、待售房地。「待建土地」指建商正在養地，已購入土地，但尚未開發。「在建房地」指土地上已有建築物，建築物正在蓋，尚未完成。「待售房地」指土地上的建築物已完全蓋好，但房子還沒賣出去，所有權尚未移轉，所以仍留在建設公司的帳上。

　　投資人應特別注意，建設公司的存貨，屬於待建土地、在建房地或待售房地哪一個類別。如果待售房地占存貨的比率太高，其實是一個警訊，代表很多房子賣不出去。新房子會慢慢變舊，時間一久，建設公司可能要降價或洽特定人銷售，影響未來獲利。此外，若建設公司帳上有餘屋（只有待售房地算餘屋），每年都要繳地價稅、房屋稅等財產稅，一旦餘屋過多，就會吃掉公司獲利。

　　至於在建房地，投資人須注意預售屋的銷售比率，若銷

售率太差，在建房地完工後賣不出去，一樣會變成餘屋。而待建土地可當作建設公司未來推案的參考指標。建設公司要蓋房子，一定要蓋在土地上，建設公司帳上有待建土地，代表之後推案的可能性比較高。若建設公司帳上沒有土地，就必須靠合建或都更的方式來推案，會比較辛苦。

此外，依據國際會計準則理事會（IASB）發布的會計準則（IAS）第 2 號公報「存貨」規定，存貨要按成本與淨變現價值孰低來衡量。淨變現價值指在正常情況下的售價，減除至完工尚需投入的成本及銷售費用後的餘額。也就是說，建設公司帳上的不動產，要以「市價減掉銷售費用」與「實際支出的成本」相比，兩者取金額較低的揭露在財務報表中。如果淨變現價值比原先帳列成本高，則不需調整。但若淨變現價值低於原先帳列成本，則必須將兩者的差額一次認列存貨跌價損失，作為銷貨成本的增加。

再則，依據會計準則定義，資產的成本包括使資產達到可使用狀態之前所有必要且合理的支出。如果建設公司向銀行借款供興建不動產使用，例如土地融資或建築物融資，則因此發生的借款利息，應視為不動產的成本，專業術語

為「利息資本化」。也就是說，向銀行借款支應不動產開發所支付的利息費用，應列為不動產的成本，作為存貨項下在建房地金額的增加。

2. 流動負債

　　流動負債指在 1 年以內或 1 個營業週期內必須清償的負債。由於建設公司的營業週期長達 3 年到 5 年，故建設公司區分流動與非流動的標準，並非以 1 年為界限劃分，而是以 3 年～ 5 年為界限劃分。

　　①**銀行借款**（可參考財報「短期借款」部分）：建設公司向銀行借錢，日後建設公司有義務償還，帳目列為銀行借款，為建設公司的負債。一般來說，土地融資的成數是 8 成，建築融資的成數是 6 成，會隨著建設公司的財務狀況做調整。另外，建設公司也可以和銀行申請信用貸款。

　　傳統的教科書上，認為借款過多，會導致破產成本上升，是負面指標。可是換個角度來看，為什麼銀行敢借這麼多錢給這家建設公司？一家建設公司有辦法向銀行借到很多錢，代表建設公司表現優異，能夠取得銀行的信任，反而

是正面指標。有的公司帳上借款很少，看似體質優異，其實是沒有銀行敢借錢給他。

所謂盡信書不如無書，教科書只是告訴我們普遍的現象，而投資是「人文科學」，不是「自然科學」，常常會有例外。因此我認為，借款多寡與公司表現沒有一定的關係。

②合約負債——流動（實施 IFRS 15 前的會計項目為預收收入）：建設公司銷售預售屋時會預先向客戶收取定金，但尚未移轉不動產的所有權。建設公司收到的定金，列為資產中的現金。而建設公司有義務在建案完工時，將不動產交付給客戶。由於建設公司交付不動產的義務，符合負債的定義，也就是在未來產生經濟資源（不動產）的流出，故《國際財務報導準則（IFRS）》規定，會計項目以「合約負債——流動」表示。在 IFRS 15 號公報「客戶合約之收入」實施以前，則以「預收收入」之會計項目表示。

合約負債雖列為負債，但實際上，建設公司不需要以現金清償，而是以蓋好的房子去清償。也就是說，合約負債的金額可以反映建案銷售的情況。當預售屋賣得愈好，合

約負債的金額就愈高。隨著建案逐漸完工，預收款的比率增加，合約負債的金額也就愈來愈高。一旦建案完工交屋，過去已賣出的預售屋，就會一次認列為營收，帶來大額獲利。因此，合約負債可說是愈高愈好。

另外補充一點，合約負債是指建設公司銷售預售屋時，預先向客戶收取的定金。但定金通常僅是不動產總價的 1 到 2 成，如果想知道不動產的預售總金額，則可以參考「未認列合約承諾」項目。

「未認列合約承諾」不會出現在資產負債表，但會出現在財務報表後面的附註揭露段，通常和「或有負債」一起揭露。投資人可以關注「重大或有負債及未認列合約承諾」的項目（有些公司是寫「重大承諾事項及或有事項」），就能得出截至財報當日的預售屋已售出金額。

特別提醒，某些建設公司旗下會有營造廠，因此在合併報表中，「未認列合約承諾」項目中可能會包含「承攬工程契約總額」，這部分的金額與預售屋的銷售狀況無關，應特別注意。

③**金融負債與營業活動負債**：金融負債與營業活動負債在財報上無特別區分，需要自行判斷。

「金融負債」指需要支付利息的負債，如短期銀行借款、長期銀行借款、應付公司債等。由於金融負債需要支付利息，會對公司造成財務負擔，為較差的資金來源。「營業活動負債」指因一般營業活動而產生的負債，如應付帳款、應付票據、應付費用、應付所得稅、預收收入等，通常不需要支付利息，不會對公司造成財務負擔。

因此，一家建設公司的負債比率很高，不一定是壞事，必須要檢視負債的種類，到底是金融負債，還是營業活動負債。如果是金融負債的話，因為需要支付利息，所以比率不要太高會比較好；如果是營業活動負債下的合約負債，代表預售屋銷售的情況，反而是愈高愈好。

綜合損益表》留意營業收入認列方式有 2 種

綜合損益表主要是表達一段期間流量的概念，流量的項目在期末必須結帳歸零，下一期再從零開始重新計算，會

計上稱為虛帳戶。綜合損益表的項目包含收入、成本、費用、利益、損失等，顯示的是公司當期經營績效，能夠呈現公司的獲利能力，從這張表可以看出這家公司在這一段時間到底賺了多少錢。

下面我會將綜合損益表中較重要的項目挑出來一一介紹：

1. 營業收入

營業收入指建設公司出售不動產時，所認列的收入。建設公司認列收入的方式，有「完工比例法」與「全部完工法」兩種。「完工比例法」指隨著建築物的興建，逐期認列收入；「全部完工法」指建案完工後，交付給客戶後才可以認列收入，建設公司較常採用此認列方式。詳細說明詳見 1-4。

2. 營業成本

營業成本指建設公司銷售不動產的成本，包括土地及建築物。

3. 營業毛利（毛損）

將營業收入扣除營業成本等於營業毛利（毛損）。營業

毛利的高低代表公司的核心競爭力。

4. 營業費用

營業費用指公司發生與營業有關、但與興建不動產無關
的費用,可分為管理費用和推銷費用。其中,「管理費用」
包含辦公室的租金費用、會計人員的薪資費用、水電費等
等;「推銷費用」則指和銷售產品有關的費用,對於建設
公司而言,主要是支付給銷售人員的佣金。

也就是說,與營業有關的費用,和不動產有關的部分認
列為營業成本,跟不動產無關的部分認列為營業費用。

一般而言,建設公司都會委託代銷公司幫忙銷售不動產,
委託方式大致可以分為下列 3 種:

①**包櫃**:代銷公司僅支付現場銷售人員的薪水。由於此
種方式代銷公司要負擔的風險較低,建設公司僅需支付整
個建案總營收 1% ～ 1.5% 的佣金。

②**純企畫**:代銷公司不但要支付現場銷售人員的薪水,

還要負擔廣告企畫費用。由於此種方式代銷公司要負擔的風險較包櫃還高，建設公司要支付整個建案總營收 2% ～ 2.5% 的佣金。

③**包銷**：代銷公司要支付所有的銷售費用。由於此種方式代銷公司要負擔的風險較高，因此建設公司必須給予比較高的佣金，行情是整個建案總營收的 5% ～ 6%。

若建設公司認為景氣很好，就會採用「包櫃」的方式來節省成本。若建設公司對自己的銷售能力沒有信心，就會採「包銷」方式，將風險轉嫁給代銷公司。假如投資人想要知道該建設公司是採用何種委託方式，可打電話詢問公司發言人。

至於會計處理，在銷售預售屋的階段，支付給代銷公司的佣金會先列為預付費用，屬於資產。等建案完工交屋時，再將預付費用轉為推銷費用。

然而，也有一些建設公司不找代銷公司，選擇自己來賣，此時的銷售人員為建設公司的員工，依據會計準則，支付

給員工的銷售獎金列為當期費用。當建設公司的銷售能力很強，且量體夠大（指規模經濟，也就是總銷金額很大）時，建設公司就可以選擇自行銷售，將推銷費用壓至2%～3%。

5. 營業利益（損失）

將營業毛利（毛損）扣除營業費用，可以得到營業利益（損失）。營業利益（損失）的高低一樣代表公司的核心競爭力。

6. 營業外收入與營業外支出

營業外收入與營業外支出，主要是認列與本業無關的事項，或是久久發生一次，不會重複發生的項目。

7. 稅前淨利（淨損）

將營業利益（損失），加上營業外收入，減去營業外支出以後，可以得到稅前淨利（淨損）。

8. 所得稅費用（利益）

由於存在免稅所得、減稅事項、虧損扣抵、財稅差異之遞延事項，或是交際費超過上限被剔除等財稅差異，故所

得稅費用（利益）的計算方式並非將稅前淨利（淨損）直接乘以所得稅稅率即可，而是有一套非常複雜且繁瑣的工程（詳見 1-7）。若是初學者，建議可直接參考公司公布的所得稅費用即可，無須深究其中原理。

9. 本期淨利（淨損）

俗稱「稅後淨利」。將稅前淨利（淨損）扣除所得稅費用（利益）以後，可以得到本期淨利（淨損）。

10. 其他綜合損益（稅後淨額）

台灣在 2013 年採用《國際財務報導準則（IFRS）》編製報表之後，就規定將下述的未實現損益列入本期其他綜合損益（稅後淨額），包括：透過其他綜合損益按公允價值衡量之金融資產未實現損益、現金流量避險中屬有效避險部分之避險工具利益（損失）、國外營運機構財務報表換算之兌換差額、確定福利計畫之再衡量數、不動產重估增值。

11. 本期綜合損益（稅後淨額）

將本期淨利（淨損）加上其他綜合損益（稅後淨額），

等於本期綜合損益（稅後淨額）。

12. 非控制權益（淨利／損）

　　合併綜合損益表中的本期淨利，是母公司（不含投資收益）的全部淨利加上子公司的全部淨利。若母公司並非100% 持有子公司的股權，外部人持有子公司股權所能享有的淨利，稱為非控制權益淨利。

13. 母公司業主（淨利／損）

　　合併綜合損益表中的本期淨利，扣掉分配與非控制權益的淨利，剩下的獲利，就是分配給控制權益的淨利，稱為母公司業主淨利。

財務指標》 搞懂7關鍵指標計算方式

看完財報項目以後,接著再來看財務指標。一般而言,財務指標的種類很多,但不是每個財務指標都會影響股價,且對於不同類型的股票,所要關注的財務指標也各不相同。

依據不同類股,檢視特定財務指標

例如,持有中華電(2412)股票的股東,目的是在每年領取股利。因此,判斷中華電信股價未來的趨勢,就應該著重在現金股利金額的多寡,其他資訊都不太重要。

至於持有台積電(2330)股票的股東,是喜歡台積電因為技術領先所創造出的護城河,所以即使台積電本益比持續上升,現金殖利率持續下降,只要台積電的技術持續領

先同業，它的股價就還是會繼續上漲。

　　因此，只有盯住影響特定公司的關鍵財務指標，並忽略其他財務指標，才是在股市中獲利的正確方法。有鑑於此，在分析營建股的財報時，只要關注以下 7 項財務指標即可，至於股東權益報酬率（ROE）、流動比率、應收帳款周轉率等財務指標完全不重要，可以忽略不看。

　　接下來就以華固（2548）2018 年 12 月 31 日的資產負債表和綜合損益表（詳見表 1、表 2）為例，向讀者介紹投資營建股時，需要注意的財務指標。下方只介紹如何利用財報資訊計算出財務指標，詳細應用可以參考第 2 章個股案例部分。

1. 毛利率

　　毛利率是用來評估公司每賣出 1 元的商品，可以賺取多少的毛利。毛利率可以展現企業的核心競爭力，原則上是愈高愈好。公式如下：

毛利率（％）＝營業毛利 ÷ 營業收入 ×100％

表1 從資產負債表計算每股盈餘、每股淨值等
——華固（2548）合併資產負債表

資產	金額（千元）	占總資產比率（%）
現金及約當現金	1,515,998	4
存貨	31,241,627	76
其他流動資產	4,065,808	10
流動資產合計	36,823,433	90
非流動資產合計	4,179,912	10
資產總額	41,003,345	100
負債	**金額（千元）**	**占總資產比率（%）**
短期借款	8,955,170	22
應付款項	4,753,650	12
合約負債－流動	5,338,576	13
其他流動負債	2,222,151	5
流動負債合計	21,269,547	52
長期借款	4,434,974	11
其他非流動負債	189,060	0
非流動負債合計	4,624,034	11
負債總額	25,893,581	63
普通股股本	2,768,127	7
其他權益	12,341,637	30
權益總額	15,109,764	37
負債及權益總計	41,003,345	100

註：1.資料日期至2018.12.31；2.其他流動資產包括透過損益按公允價值衡量之金融資產——流動、應收票據淨額、應收帳款淨額、其他應收款淨額、預付款項和其他流動資產；3.應付款項包括應付短期票券、應付票據、應付帳款、其他應付款；4.其他流動負債包括本期所得稅負債和其他流動負債；5.其他非流動負債包括遞延所得稅負債和其他非流動負債；6.其他權益包括資本公積、保留盈餘、非控制權益
資料來源：公開資訊觀測站

表2 從綜合損益表計算毛利率、營業利益率等
──華固（2548）合併綜合損益表

項目	金額（千元）	占比（%）
營業收入合計	4,638,016	100.00
營業成本合計	-3,276,583	-70.65
營業毛利（毛損）	1,361,433	29.35
營業費用合計	-604,344	-13.03
營業利益（損失）	757,089	16.32
營業外收入及支出合計	294,463	6.35
稅前淨利（淨損）	1,051,552	22.67
所得稅費用（利益）合計	-181,913	-3.92
本期淨利（淨損）	869,639	18.75
其他綜合損益（淨額）	11,468	0.25
本期綜合損益總額	881,107	19.00
淨利（淨損）歸屬於母公司業主	863,542	18.62
淨利（淨損）歸屬於非控制權益	6,097	0.13

註：1. 資料時間為 2018.01.01 ～ 2018.12.31；2. 由於營業成本、營業費用和所得稅費用為支出，故以負號表示；3. 因數值採四捨五入至千元，故占比部分會略有落差
資料來源：公開資訊觀測站

　華固 2018 年的營業毛利為 13 億 6,143 萬 3,000 元，營業收入為 46 億 3,801 萬 6,000 元，毛利率為 29.35%（ ＝ 13 億 6,143 萬 3,000÷46 億 3,801 萬 6,000×100%）。

2. 營業利益率

　　營業利益率是用來評估公司每賣出 1 元的商品，可從本業中賺取多少營業利益。從營業利益率中，也可以看出企業的核心競爭力，原則上營業利益率愈高愈好。公式如下：

營業利益率（％）＝營業利益 ÷ 營業收入 ×100%

　　華固 2018 年的營業利益為 7 億 5,708 萬 9,000 元，營業收入為 46 億 3,801 萬 6,000 元，營業利益率為 16.32%（　＝ 7 億 5,708 萬 9,000÷46 億 3,801 萬 6,000×100%）。

3. 本期淨利率

　　本期淨利率代表每賣出 1 元的商品，可以賺取多少的本期淨利。原則上本期淨利率愈高愈好。公式如下：

本期淨利率（％）＝本期淨利 ÷ 營業收入 ×100%

　　華固 2018 年的本期淨利為 8 億 6,963 萬 9,000 元，營業收入為 46 億 3,801 萬 6,000 元，本期淨利率為

18.75%（　＝ 8 億 6,963 萬 9,000÷46 億 3,801 萬
6,000×100%）。

4. 基本每股盈餘

　　基本每股盈餘（以下簡稱每股盈餘）英文為 Earnings Per
Share，簡稱 EPS，代表只持有 1 股時，能享受公司多少的
獲利。公式如下：

> **基本每股盈餘（元）**
> **＝歸屬於母公司業主的淨利 ÷ 公司流通在外股數**
> **＝歸屬於母公司業主的淨利 ÷（普通股股本 ÷ 股票面額）**

　　其中，分子為「歸屬於母公司業主的淨利」，因此，本
期「其他綜合損益（淨額）」的金額不會影響每股盈餘的
數字。

　　華固 2018 年歸屬於母公司業主的淨利為 8 億 6,354
萬 2,000 元，普通股股本為 27 億 6,812 萬 7,000 元，
面額 10 元，基本每股盈餘為 3.12 元（＝ 8 億 6,354 萬
2,000÷（27 億 6,812 萬 7,000÷10））。

5. 每股帳面價值

　　每股帳面價值又稱每股淨值，指股東持有股票 1 股時，可以分配到公司權益的金額。一般來說，每股帳面價值愈大，表示股票所彰顯的權利金額愈大，投資人愈有保障。公式如下：

> **每股帳面價值（元）**
> **＝期末權益總額 ÷ 期末公司流通在外股數**
> **＝期末權益總額 ÷（普通股股本 ÷ 股票面額）**

　　華固 2018 年的期末權益總額為 151 億 976 萬 4,000 元，普通股股本為 27 億 6,812 萬 7,000 元，面額 10 元，每股帳面價值為 54.58 元（ = 151 億 976 萬 4,000÷（27 億 6,812 萬 7,000÷10 元））。

6. 本益比

　　本益比指投資人願意用公司獲利的幾倍去購買股票。公式如下：

> **本益比（倍）＝每股股價 ÷ 基本每股盈餘**

華固 2018 年 12 月 28 日每股股價為 68.1 元，基本每股盈餘為 3.12 元，可以算出本益比為 21.8 倍（＝68.1÷3.12）。

一般教科書或投資書籍，都建議投資人買進本益比低的股票，但這樣的說法只講對一部分。通常，本益比較高的股票，公司往往具有核心競爭力，所以投資人願意用較高的價格去購買股票；本益比較低的股票，可能代表公司正在衰退，股票不具有吸引力。

此外，投資報酬率為投資股票的獲利除以本金，而投資股票的獲利接近當年公司的基本每股盈餘，投資股票的成本即為每股股價（此處不考慮交易成本）。因此，將基本每股盈餘除以每股股價，會很接近投資報酬率。而本益比的計算方式為每股股價除以基本每股盈餘；換句話說，本益比為投資報酬率的倒數。

可是，投資建設公司發行的股票，適合使用本益比評價嗎？其中有沒有什麼陷阱呢？我在後面章節會詳細說明（詳見 1-5）。

7. 現金股利支付率

回歸投資股票的本質，就是投資人參與企業的經營，分享經營的成果。當企業有賺錢，應該要將獲利回饋給股東。從另一個角度來看，當企業有能力發放現金股利給股東，代表企業是真的有賺到現金，才有辦法發放現金股利給股東。也就是説，有能力發放現金股利的公司，獲利真實性的機率比較高；反之，若有企業每年賺錢卻從不發放現金股利，投資人可能就要對這家公司敬而遠之了。

現金股利支付率指企業的獲利中，以現金分配給股東的比率。公式如下：

現金股利支付率（％）
＝每股現金股利 ÷ 基本每股盈餘 ×100%

華固 2018 年的每股現金股利為 5 元（2019 年配發），基本每股盈餘為 3.12 元，可以算出現金股利支付率為 160%（ = 5÷3.12×100% ）。

財報重點》
1-4 從營收認列方式察覺風險與機會

除了留心公司的相關財務指標以外，投資人在觀察營建股的財務報表時，還需要留意該公司的建案是採用何種認列方法。

建設公司認列收入的方式有兩種，一種是全部完工法，一種是完工比例法。「全部完工法」指營收必須在建案完工交屋時才能認列；「完工比例法」指營收隨著完工程度，依比例認列。

採用 IFRS 會計準則後，營收認列方式有所調整

在 2013 年採用《國際財務報導準則（IFRS）》之前，只要建案的預收款達到總成本的 15%，就可以依照「完工

比例法」認列收入。然而，在採用 IFRS 之後，對於營收的認列方式有不同的看法。

　IFRS 15「客戶合約之收入」同時規範銷售商品或服務時的收入認列條件，認為應於客戶取得商品或服務的「控制權」時認列收入。也就是說，若「建造合約」是由賣方決定，採「全部完工法」入帳；若「建造合約」是由買方決定，客戶可以決定商品之規格，這種「量身訂做」的要件，由於「不可撤銷」，「控制權」已移轉給客戶，故採「完工比例法」入帳。舉例說明如下：

案例 1

　華固（2548）賣預售屋給一般的民眾，建築物的格局、建材種類，全部由華固建設全權決定。如果房子蓋到一半，發生地震，結果房子倒塌，這時的責任歸屬是誰呢？

　解答：由於華固建設仍有建築物的控制權，規格與建材均由華固建設決定，故而此時華固建設須負全責。在此情況下，即使預售屋在建造的過程中客戶已經簽約並支付定金，但由於不動產的「控制權」仍在建設公司，所以此時

不能認列收入。必須等到建案完工交屋時，才可以一次認列收入。

案例 2

台積電（2330）要求華固建設幫忙蓋辦公大樓，並告知電梯的位置、梁柱的結構應該遵照何種規範。如果房子蓋到一半時，發生地震，結果房子倒塌，這時的責任歸屬是誰呢？

解答：如果是台積電要求華固建設幫忙蓋辦公大樓，且台積電有權決定電梯的位置、梁柱的結構，則台積電擁有不動產的「控制權」。若這時發生地震、房屋倒塌，台積電要負全部的責任。由於「控制權」已由建設公司移轉給台積電，表示東西已經賣出去，故華固建設可以依照完工比例認列收入。

從前述案例可知，建設公司銷售房子，雖然不動產已簽約銷售，也拿到客戶的定金，但是預售屋面臨的風險仍由建設公司承擔，此時拿到的預收款會以「合約負債」的項目出現在資產負債表上。

　　這項會計準則的改變，導致建設公司的獲利波動變大，增加投資人進行決策的難度。但其實只要深入了解後，就會發現「合約負債」的項目有預測未來營收的功能（詳見1-2）。利用這個會計項目，就可以得知已發生但未認列的隱藏性收入，藉以尋找超額報酬的機會。

1-5 產業特性》
類景氣循環股 獲利波動大

　　看完與營建業有關的財報與財務指標之後，接著來看產業特性。某些產業的獲利會隨著景氣循環而大幅變動，例如原物料類股，這些產業的公司被稱為「景氣循環股」。

　　產業景氣循環可以分為谷底期、復甦期、成長期、繁榮期、衰退期及蕭條期（詳見圖1）。這張產業景氣循環圖的縱軸，是公司的獲利，也是股價。進入繁榮期時，公司的獲利到達頂峰，股價也達高點。之後隨著景氣往下，公司的獲利與股價一同衰退。

　　景氣循環股位於繁榮期時，股價達到高點，但獲利相對更高，因此計算出來的本益比較低。然而，繁榮期之後，景氣循環股會進入衰退期，股價即將下跌，故此時不宜買

進。景氣循環股位於谷底期時，股價達到低點，但獲利相對更低，因此計算出來的本益比較高。由於谷底期之後，景氣循環股會進入復甦期，股價即將上漲，故此時是好的買點。

　　因此，對於景氣循環股而言，應該在谷底期股價較低時買進，在繁榮期股價較高時賣出，才能低買高賣賺取價差。然而，谷底期的本益比是高的，繁榮期的本益比是低的。因此，這類的景氣循環股，應該在本益比高時買進，本益比低時賣出，才能低買高賣，賺取價差。投資人如果依照一般教科書的投資方式，於本益比低時買進這類型景氣循環股，往往會買在高點，然後就會抱怨「基本分析沒有用，基本面不如一碗泡麵」。其實只要掌握景氣循環股的特性，很容易就能賺到錢。

建設公司認列營收時，股價往往達到最高點

　　至於一般的建設公司，由於多採用「全部完工法」的會計準則，營收與獲利於建案完工交屋時一次認列。而空窗期時公司只有費用支出，沒有營收，因此這段空窗期的損

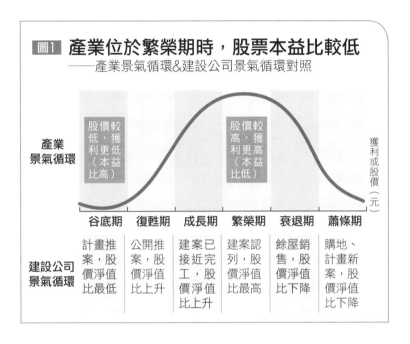

圖1 產業位於繁榮期時，股票本益比較低
——產業景氣循環&建設公司景氣循環對照

| 產業景氣循環 | 股價較低，獲利更低（本益比高） | | | 股價較高，獲利更高（本益比低） | | 獲利或股價（元） |

	谷底期	復甦期	成長期	繁榮期	衰退期	蕭條期
建設公司景氣循環	計畫推案，股價淨值比最低	公開推案，股價淨值比上升	建案已接近完工，股價淨值比上升	建案認列，股價淨值比最高	餘屋銷售，股價淨值比下降	購地、計畫新案，股價淨值比下降

益很可能是負的。由於建設公司的獲利波動大，在大型建案完工時認列鉅額獲利，空窗期卻又處於虧損狀態，類似景氣循環股的特性。因此，若預期建設公司未來的獲利將大幅成長，投資人應該要事先買進，等未來營收入帳獲利公告時，再於股價達到高點時賣出。

　也就是說，當建設公司處於景氣循環的谷底期時，這時

股價低於每股淨值的機率很高。如果未來有建案完工，鉅額獲利將入帳，此時先以低價買入，待建案完工交屋，進入繁榮期時再賣出，這樣的投資方式最容易賺錢。

過去，我曾於 2017 年 8 月 25 日，在網路上推薦宏盛（2534）。當時已公布宏盛過去的獲利，2013 年到 2016 年的每股盈餘（EPS），分別為 -0.25 元、-0.40 元、0.68 元、1.46 元。由於過去獲利不佳，當時股價僅 21.80 元。隨著公司各個建案完工入帳，獲利也呈現爆發性成長，2017 年與 2018 年的 EPS 分別為 4.39 元與 4.07 元，股價也於 2018 年 6 月 26 日來到 42.25 元的高點。但由於獲利沒有持續成長，之後股價又往下走了。

2018 年 2 月 25 日，我在臉書上公開推薦全坤建（2509）。而全坤建 2016 年與 2017 年的 EPS 分別為 -0.37 元、0.19 元。由於過去獲利不佳，當時股價僅 21.65 元（2018 年 2 月 25 日未開盤，此為前一個交易日的收盤價）。隨著公司各個建案完工入帳，2018 年的 EPS 達 5.7 元，股價也提前在 2018 年 6 月 8 日反映，來到 37.95 元的高點。但由於獲利同樣沒有持續成長，之後

股價又往下走了。

2018 年 7 月 8 日，我在臉書上公開推薦樂揚（2599）。當時已公布樂揚 2017 年的 EPS 為 2.89 元，當時股價為 16.05 元（2018 年 7 月 8 日未開盤，此為前一個交易日的收盤價）。隨著公司各個建案完工入帳及獲利成長，股價於 2018 年 11 月 20 日漲到 22 元的高點。

未來表現會影響營建股股價，而非過去獲利

由此可見，營建股的投資方式，應該是在建案完工前先進場買進。若公司過去的獲利不佳，則有機會買在低點；等待建案完工交屋後認列獲利，此時在股價位於高點時賣出，則可以賺取買賣價差。

我曾經看過有報章媒體，列出所有建設公司的 EPS、現金股利與股價，依本益比與現金股利殖利率，從第 1 名排名到最後 1 名。

然而，這樣的比較方式完全沒有意義。因為影響營建股

股價的因素，是未來的表現而不是過去的獲利。買進本益比低且現金殖利率高的建設公司，只要未來獲利沒有持續成長，股價下跌的機率非常高，投資人就會因此賠錢。

由於正確投資建設公司的方式，是在本益比高時買進，本益比低時賣出，用本益比去評估建設公司的股價是錯誤的方式。正確的方式，應該是用「每股淨值＋未來每股獲利折現值」來評價（計算方式詳見 1-6）。

淨值指資產扣除負債的金額，將淨值除以普通股股數，可以得出每股淨值。若要用每股淨值來衡量一家企業的價值，必須先檢查公司資產的帳面價值，是否等於目前的公平市價。如果資產的帳面價值不等於公平市價，投資人必須進行調整。

例如，有些企業帳上的資產以應收帳款為主，如華美（已下市），這些應收帳款是否收得回來，投資人較難評估。又例如樂陞（已下市），帳上資產以購併時產生的商譽等無形資產為主，這些商譽是否有價值，投資人較難評估。若真的要保守估計，應該將這些收不回來的應收帳款，以

及不具商業效益的無形資產，均視為毫無價值。將淨值扣除這些不具價值的資產後，重新評估這家企業的價值。

　　然而，建設公司就不同了。建設公司的資產中，約 8 成是存貨。這些不動產看得見，摸得著，政府機關都查得到資料。至於這些不動產的價格，在實價登錄施行後，一般的投資人都可以自行上網查詢，非常好評估。由於建設公司的資產，實實在在，造假機率低，因此最適合用每股淨值來評估企業 1 股的價值。

　　順帶一提，有些企業，每股股價長期低於每股淨值，有可能是長期虧損所致，投資人須特別留意。

評價方式》
用1公式預估股票未來價值

了解營建股的產業特性後，下一步就是替公司進行估價。

有關於營建股的估價方式，可參考查理·蒙格（Charlie Munger）的投資邏輯。蒙格是華倫·巴菲特（Warren Buffett）的事業合夥人，個人投資年化報酬率超越同期道瓊工業平均指數（Dow Jones Industrial Average Index）逾17個百分點。

蒙格將股票區分成3類：買進、賣出、太難。只要是財報看不懂，或是企業價值無法估算的，就屬於「太難」的類別。蒙格認為，投資不是考試，太難的就放棄。

在考試的過程中，考生盡可能做對每一道題目，分數愈

高的，就被認定是天才。然而，在投資領域上，則是愈簡單愈好，投資人只需把握自己會的，遇到難題，只需要承認「我不知道」。在投資中最容易賠錢的，都是那些喜歡預測股價，信心滿滿、假裝自己很聰明的人。如果很難精準估價，就代表這一家公司對你來說太難了，太難的事就該放棄。

「先建後售」建案難預估銷售情況，不列入估值

我非常認同蒙格的理念，太難的就應該放棄。就營建業而言，建設公司的銷售方式，分成先建後售和預售屋兩種。由於「先建後售」的建案，未來的銷售情況如何，我認為依我的能力根本無法預估，屬於「太難」的類別，所以我就直接放棄。而「預售屋」建案的銷售情況，在財務報表中一覽無遺，屬於「簡單」類型，非常好判斷要「買進」或「賣出」。因此，我將目標鎖定在我有把握對其進行評估的「預售屋」類型。

除了上述觀點外，我也認同蒙格說的，「一家公司的價值是估計而來的，而非精確值」這個觀念。由於股價是反

映未來的獲利，未來的事還沒發生，必須估計。既然是估計，就一定會有誤差。所以我在計算一家建設公司合理的價值時，也不會只估計一個值，而是估計一個區間。

　　任何投資分析方法都只是在估計一個概略的數字，這也是為什麼買進前要抓「安全邊際」的原因。買在足夠安全的價位，可以確保如果誤差值太大時，傷害不至於過大。因此，只有在股價低於合理區間下限值 20% 以上時，我才會考慮買進。而估計的方法，則是愈簡單愈好，愈符合直覺，愈容易做出正確的買賣決策——「簡單即是美」。

　　在量子力學的學術理論中，德國物理學家維爾納‧海森堡（Werner Heisenberg）於 1927 年提出「測不準原理（uncertainty principle，又稱不確定性原理）」——由於粒子的「位置」與「動量」不可同時被確定，因此在測量上會產生誤差。

　　將此概念應用在投資的領域也是如此。由於資訊不對稱，外部投資人無法取得公司內部的所有資訊，因此在預估公司未來的獲利時，一定無法完全估計正確。

　　但也因為這些「不確定性」，增加了投資風險。由於投資存在風險，市場不願意用高價買進這些公司的股票，使股價被低估。如果具有產業、財務以及會計專業的投資人，利用這些知識，並投入時間認真研究，往往會有超額報酬。

股價低於合理價值 20% 以上，即可進場買進

　　我自己在估算建設公司每年的獲利時，從來沒有一次估得完全正確，但其實沒有關係，只要大方向正確就可以。至少到目前（2019 年 12 月 31 日）為止，我投資營建股還沒有賠錢的紀錄（2020 年受到武漢肺炎疫情影響，有小賠賣出特定營建股）。

　　當估算出公司合理的價值時，只要目前的股價低於合理的價值 20% 以上，就表示目前的股價被低估。此時，我只要確定在近半年該建設公司會有建案完工入帳，且預售屋銷售的情況不錯，此時我就會進場買進，耐心等待，通常報酬率都會超乎預期。

　　至於該如何估算一家公司的合理股價？我們可以利用「現

金股利折現模型」的概念下去計算，公式如下：

$$P= \frac{D_1}{(1+r)^1} + \frac{D_2}{(1+r)^2} + \frac{D_3}{(1+r)^3} +\cdots\cdots+ \frac{D_n}{(1+r)^n}$$

其中，P＝股價；D_1＝第 1 年發放的現金股利，D_2＝第 2 年發放的現金股利，依此類推；r＝折現率，與公司的風險有關，風險愈高，折現率愈高。

　　從公式可以看出，一家公司的價值為未來每年發放現金股利的折現值總和。若一家公司的現金股利每年穩定成長，則可以將上述公式改寫成「高登股利成長模型」：

$$P= \frac{D_0(1+g)^1}{(1+r)^1} + \frac{D_0(1+g)^2}{(1+r)^2} +\cdots\cdots+ \frac{D_0(1+g)^n}{(1+r)^n}$$

其中，P＝股價；D_0＝這一期發放的現金股利；g＝現金股利的長期年化成長率；r＝折現率。

　　利用無窮等比級數的公式 「S ＝ a_1／（1-R）」（其中 S 為無窮等比級數的和，a_1 為無窮等比級數公式首項，R 為公比），可將上述公式簡化成：

$$P=\frac{\frac{D_0(1+g)^1}{(1+r)^1}}{1-\left(\frac{1+g}{1+r}\right)}=\frac{\frac{D_1}{1+r}}{\frac{1+r}{1+r}-\left(\frac{1+g}{1+r}\right)}=\frac{\frac{D_1}{1+r}}{\frac{r-g}{1+r}}=\frac{D_1}{r-g}$$

其中，P＝股價；D_0＝這一期發放的現金股利，D_1＝下一期發放的現金股利；r＝折現率；g＝現金股利的長期年化成長率。

接著，可以將等號兩邊同時除以每股盈餘（EPS），則此時等號左邊會變成本益比：

$$\frac{P}{E}=\frac{\frac{D_1}{E}}{r-g}=\frac{d}{r-g}$$

其中，P＝股價；E＝EPS；D_1＝下一期發放的現金股利；r＝折現率；g＝現金股利的長期年化成長率；d＝現金股利發放率。

以最近 7 年（2013 年～ 2019 年）的台灣股票市場行情來看，台灣建設公司的平均本益比位在 6 倍到 7 倍之間，並不高。有些建設公司當年度有賺錢卻不分派股利，有些建設公司當年度沒賺錢卻用資本公積分派股利。

假設建設公司的股利分派現金股利發放率（d）是
100%，也就是1；現金股利的長期年化成長率（g）是
0%；本益比是 6.7 倍，則建設公司產業平均的折現率大概
為 15%，計算式如下：

$$\frac{P}{E} = 6.7 = \frac{1}{r-0}$$

$$r = \frac{1}{6.7} \times 100\% = 15\%$$

其中，P＝股價；E＝EPS；r＝折現率。

利用現金股利折現模型，計算「未來獲利」

由於營建股的評價方式是將「每股淨值加上未來每股獲
利折現值」計算，其中，「未來每股獲利折現值」我們可
以套用現金股利折現模型的計算方式，只需將現金股利替
換成未來每股的獲利，也就是 EPS，即可算出未來每股獲
利的折現值。

延續前面例子，使用折現率 15% 計算。如果我們估算出

來，A公司未來4年的EPS，分別為4元、3元、2元、1元，
且A公司目前的每股淨值為20元，則A公司合理的股價
為27.64元。計算如下：

$$P=20+\frac{4}{(1+15\%)^1}+\frac{3}{(1+15\%)^2}+\frac{2}{(1+15\%)^3}+\frac{1}{(1+15\%)^4}$$

$$P=20+3.48+2.27+1.32+0.57=27.64$$

若經過1年，在所有假設均未改變的情況下，A公司的
股價，理論上會從27.64元漲到28.78元，計算如下：

$$P=20+4+\frac{3}{(1+15\%)^1}+\frac{2}{(1+15\%)^2}+\frac{1}{(1+15\%)^3}$$

$$P=20+4+2.61+1.51+0.66=28.78$$

以上就是營建股正確的評價方式，以每股淨值為基礎，
將未來的獲利以風險值折現，計算成現在的價值。每股淨
值加總未來每年獲利的折現值，就是一家建設公司合理的

價值。假若對公司未來獲利的推論正確，則即使投資人什麼事都不做，就是買進持有，隨著時間的經過，股價理論上就會從 27.64 元漲到 28.78 元。

　　然而，卻有一些人用本益比去評估一家建設公司合理的股價。根據定義，使用本益比評估股價時，是假設公司每一年的獲利穩定成長或衰退。可是，一般的情況下，建設公司若採用全部完工法，獲利在完工交屋時一次大量認列，空窗期時則可能會小幅虧損（詳見 1-5）。因此，建設公司的損益波動很大，各年之間的獲利不穩定，也無任何趨勢存在，不適合採用本益比評價。

尚未推案、折現金額太小，不計算 6 年後獲利

　　我於 2019 年 2 月出版的《會計師低價存股術　用一張表存到 1300 萬》一書中曾提及，一家建設公司的股價，應該用「每股淨值＋未來 5 年獲利折現值」來評估。之後有非常多的讀者詢問，為什麼是採用 5 年而不是 3 年？其實，正確的評價方式應該是透過「每股淨值＋未來每年每股獲利的折現值」來計算。

由於獲利 1 元，第 6 年的折現值只有 0.43 元（＝1÷（1 ＋ 15%）[6]），也就是說，6 年後賺的 1 元，現在的價值只 有 0.43 元。一個建案大約 3 到 5 年完工，6 年後的建案， 一來建商根本還沒推案，二來折現金額太小，不影響投資 人的決策。因此，我個人在計算建設公司的合理股價時，6 年以後的獲利全數忽略不計，只考量最近 5 年的獲利。比 較精確的方式，是將未來的獲利全部折現，若只是想粗估 大方向，則可以簡化折現的步驟。

順帶一提，有些企業，每股股價長期低於每股淨值，有 可能是長期虧損所致。例如一家賣電鍋的公司，帳上淨資 產的價值為 40 元，可是這家公司每年都虧 2 元。若這家 公司的折現率為 15%，根據折現模型，這家電鍋公司的合 理股價為 26.67 元，公式計算如下：

$$P = 40 + \frac{-2}{(1+15\%)^1} + \frac{-2}{(1+15\%)^2} + \cdots\cdots + \frac{-2}{(1+15\%)^n}$$

利用無窮等比級數公式計算，算式可簡化為：

$$P = 40 + \frac{-2}{15\%} = 26.67$$

　　此外，也有讀者提問，認為我將這一套投資心法完全公開，當市場上的每個人都知道這一套方法，會不會就失效了呢？其實，我靠這一套投資心法選股已經 3 年了，之前 2019 年 2 月出版第 1 本書《會計師低價存股術　用一張表存到 1300 萬》時，就曾向大家公開我的投資邏輯。但是，直到目前（2020 年 3 月）這一套投資方法仍然有效。我個人推測，原因在於市場上並不是每一個人都有耐心投資營建股。

　　投資電子股，1 天漲停板，獲利就 10%。然而，營建股的股價，上漲過程非常緩慢，不是每個人都有耐心去等待。因此，有耐心的投資人還是有機會藉由時間讓自己獲利。

稅務法規》
了解規則 計算正確所得稅費用

1-6 有提到，營建股正確的評價方式應該是透過「每股淨值＋未來每年每股獲利（EPS，每股盈餘）的折現值」來計算。而在計算各建案的 EPS 時，我們必須將稅前淨利扣除所得稅費用，才能求得稅後淨利，藉以算出 EPS。因此，以下將詳細說明不動產的稅負計算方式。

可簡單假設公司稅率為 20%，或參考財報資料

若讀者覺得這一節的內容太過複雜，可以略過本節，直接依《所得稅法》第 5 條規定，「營利事業全年課稅所得額超過 12 萬元者，就其全部課稅所得額課徵 20%」，假設建設公司的稅率為 20%，或是直接參考公司公布的所得稅費用即可。

　　由於建設公司主要的資產為土地和房屋，因此在計算稅負時，需要了解與這兩者有關的稅務法規。

　　國父孫中山先生認為，一切所得均源自土地，漲價必須歸公，因此後來在制定《中華民國憲法》時，直接於第143 條規定，「土地價值非因施以勞力資本而增加者，應由國家徵收土地增值稅，歸人民共享之。」由於土地已課徵土地增值稅，就不再課徵營業稅與營利事業所得稅。故《加值型及非加值型營業稅法》第 8 條規定：「出售之土地免徵營業稅。」《所得稅法》第 4 條規定：「個人及營利事業出售土地，免納所得稅。」

　　此外，依據《土地稅法》第 28 條規定：「已規定地價之土地，於土地所有權移轉時，應按其土地漲價總數額徵收土地增值稅。」其中，上漲金額的認定，依據《平均地權條例》第 38 條規定，是採用「公告土地現值」計算，而非實際成交市價。

　　過去建設公司出售不動產時，必須將不動產拆成土地與房屋。土地部分免徵營業稅，且依《土地稅法》繳納土地

增值稅，不需繳納營利事業所得稅。房屋部分則依照一般的稅率課徵 5% 的營業稅，可依各縣市政府的訂定「房屋評定現值」計算財產交易所得，課徵所得稅。

　　然而實務上，「公告土地現值」不等於土地市價，通常不到市價的一半，「房屋評定現值」也不等於房屋市價，且銷售不動產之價金必須拆分成「土地」與「房屋」兩塊分離課稅。因此，一位負責任的建設公司財務長，要極大化股東權益，自然會做租稅規畫。

　　由於出售土地所得免稅，因此建設公司在分配不動產價金時，有誘因操縱房地價格比例，刻意「壓低房屋售價，抬高土地售價」，抑或是「提高房屋建造成本以減少交易利得」，試圖讓「出售土地所得提高」、「出售房屋所得下降」。藉由這樣的安排，建商可以將所得稅的平均稅率壓低，進而創造獲利。

　　舉個實際的例子來說明。依據監察院的調查報告，2010年台北市仁愛路某豪宅拍賣售價 2 億 8,200 萬元，原屋主的買進成本為 1 億 900 萬元，等於獲利 1 億 7,300 萬元，

稅前報酬率 159%（＝（2 億 8,200 萬 ÷1 億 900 萬－
1）×100%）。獲利如此巨大，但原屋主只繳納了 54 萬
元的土地增值稅，和房屋交易的所得稅 104 萬元，有效
稅率只有 0.9%（＝（54 萬＋ 104 萬）÷1 億 7,300 萬
×100%），非常不合理。

房地合一稅制實施後，部分建設公司 EPS 下降

　　政府為了改善上述情況，達到賦稅公平的目的，並落實
居住正義，縮減貧富差距，促進社會資源合理配置，於
2015 年 6 月 24 日新增《所得稅法》第 4-4 條與第 24-5
條規定。由於原法條內容較繁雜，我將重點抓出來，整理
如下：「於 2016 年 1 月 1 日取得之土地，以不動產實
際賣出價格，扣除當初之原始購買價格、相關費用、土地
漲價總數額，課徵營利事業所得稅。」也就是說，台灣自
2016 年 1 月 1 日開始實施「房地合一稅制」。

　　由此可知，建設公司於 2016 年 1 月 1 日之前取得之土
地，不適用「房地合一稅制」（2014 年 1 月 2 日以後取得，
且持有期間在 2 年以內者除外，仍適用房地合一稅制），

反映在財務報表上，就是平均所得稅稅率低於 20%。待建設公司出清 2016 年 1 月 1 日之前取得之土地，財報上平均的所得稅稅率將接近 20%。

綜觀前述可知，雖然台灣的《中華民國憲法》與《平均地權條例》，大致上依據《國父遺教》所制定，但卻無法達到「土地漲價歸公」的目的。因此，政府於 2016 年 1 月 1 日實施「房地合一稅制」，落實「租稅公平」的原則，值得肯定。

但對於營建股的投資人來說，房地合一稅制實施後，建設公司未來的稅後淨利可能會下降，因此建議投資人在計算未來各年度 EPS 時，應該考量稅制變動的因素，保守估計，才能降低投資虧損的機率。

建商、地主合建方式分為 3 種

此外，前述討論的是建商在自有土地上蓋房屋，但許多情況是建商與地主合作，由地主提供土地、建商出資興建，方式主要有下列 3 種：

1. 合建分屋

合建分屋意指建設公司和地主按比例分配房屋，地主提供土地，建設公司提供建築物，雙方再依比例交換。建設公司將部分建築物分給地主，地主再將部分土地分給建設公司。

也就是說，建設公司和地主各以自己名義登記為起造人，於興建完成後，按約定比例由雙方分配房屋及土地，各自銷售。舉例來說，地主和建商約定，等到建築物完工後，1樓到5樓歸地主所有，6樓到10樓歸建商所有。

2. 合建分售

合建分售意指建設公司出售建築物，地主出售土地，各自銷售，消費者需要和地主與建設公司同時簽訂買賣契約。

若採用合建分售的方式，可以將建築成本拉高，在收入分配上，再降低建築物的售價，並拉高土地的價格。如此一來，就可以壓低建商的帳面獲利，甚至是出現虧損，以減少所得稅支出。而由於地主出售土地的所得是依據公告土地現值課徵土地增值稅，與實際交易價格無關，所以地

主要繳的稅率非常低。

如果建商是上市櫃公司,必須對股東交代,不可能讓公司長期虧錢,所以通常建設公司也會持有土地,同時具有地主與建商的身分,享受出售土地的龐大利益與節稅效果,並透過調整分配比例讓交易公平合理,雙方(指地主與建商)都可以接受。

當然也有一些不肖的建商,利用自然人關係人持有土地,把利益留給地主,自己則長年損益兩平,甚至虧損,建議投資人不要買進這種虧待股東的公司。

由於合建分售具有節稅的效果,為建設公司最常採用的合建方式。然而,這樣的操作並不符合租稅正義,而且在政府實施房地合一稅制以後,建商就無法再以合建分售的方式節稅。

3. 合建分成

又稱為「合建分潤」,指出售不動產的利潤,依當初約定的比率分配給建設公司和地主。合建分成因為較無節稅

的空間，在實務上較少採用此模式。

　　上述 3 種合建方式，實務上以合建分售實施之建案最多，因地主較有節稅空間，可節省營業稅及所得稅。但在「房地合一稅制」實施以後，無論建商與地主採用何種合建方式，都不再具有節稅效果，故而讀者只需要知道有這 3 種合建方式即可。

資料蒐集》
用網站查詢財務指標、建案資訊

　　1-2 ～ 1-7 已經將研究營建股需要注意的地方列出，接下來，我會告訴大家要在哪裡才能查到相關資料。

　　研究營建股時最常用到的網站有：公開資訊觀測站、建設公司網站、591 房屋交易網、實價登錄網站、建築工程履歷查詢系統、地籍圖資網路便民服務系統、新聞報導等。我將最重要的幾個挑出來說明：

公開資訊觀測站》公司季報、年報、法說會資料

　　公開資訊觀測站的資料非常豐富，基本上與股票有關的資料都可以在上面查到。例如你可以查到該檔營建股各季的財務報表（以下簡稱財報）、年報和法說會資料，觀察

重點分別說明如下（查詢方式詳見圖解查詢❶、❷、❸）：

1. 各季財報

　　由於建設公司的經營方式比較特別，因此投資人在閱讀財務報表時，觀察的重點也和其他產業不一樣。

　　比較重要的會計項目，在資產負債表的「現金及約當現金」、「存貨」、「合約負債」，以及附註揭露的「重大或有負債及未認列合約承諾」。從「存貨」的金額可以看出各建案的成本；「未認列合約承諾」可以看出建案的銷貨情況，有時可以間接推出建案的總銷金額。營收和成本的資訊都有了，當然就可以計算出建案的毛利金額。

　　至於其他財務比率，如流動比率、股東權益報酬率（ROE）、營業活動現金流量、存貨周轉率等，真的一點也不重要，對評估營建股股價的漲跌完全沒幫助，可以予以忽略。

2. 年報

　　由於各家公司的年報基本上有一定的格式，因此投資人

只需要抓住重點，快速瀏覽即可。首先可瀏覽「壹、致股
東報告書」，此部分常列於年報開頭，至於內容則因公司
而異，有時會有驚喜，得到非常有用的資訊。接著是「貳、
公司簡介」，可以幫助投資人了解公司。之後我會瀏覽「伍、
營運概況」，公司會介紹產業概況、上下游競爭關係、揭
露業務狀況等，有時能幫助投資人更準確估計一家建設公
司未來的獲利金額。

3. 法說會資料

　　主管機關要求上市公司每年至少要召開一次法說會，上
櫃公司和興櫃公司則沒有被強制要求，所以上櫃公司和興
櫃公司不一定有法說會的資料可以參考。

　　有關法說會資料的內容，依公司而異，有的揭露得很詳
細，有的什麼資訊都沒提供。

建設公司網站》公司簡介、建案成本及銷售狀況

　　各家建設公司的網站內容通常都很豐富，除了可以瀏覽
公司簡介以外，投資人也可以逐一研究該公司的每一個建

案，觀察各建案的坐落位置、周邊生活機能、完工時程、使用建材、基地面積等等，藉以評估建案成本及銷售狀況。

591 房屋交易網》建案格局、周邊生活機能等

591 房屋交易網（newhouse.591.com.tw）有許多和出租、出售、店面和新建案有關的訊息，只要打上建案的名稱搜尋，就可以得到建案的詳細資訊，包括格局規畫、基地地址、預期完工日期、周邊生活機能、每坪售價等。

其中「每坪售價」的資訊僅供參考，有時會和實際成交價發生重大差異，這時，就要利用實價登錄網站的資訊來輔助。

實價登錄網站》建案實際交易行情

內政部不動產交易實價查詢服務網（簡稱實價登錄網站）的資訊每月會更新 3 次，投資人只需要輸入建案的坐落位置，就可以查詢到建案附近的相關訊息，包括成交總價、每坪售價、停車位價格、總面積、實坪面積、公設面積、

停車位面積、交易日期、屋齡、樓高、格局等。查詢步驟如圖解查詢❹。

建築工程履歷查詢系統》建造執照、獎懲紀錄等

內政部營建署底下的「建築工程履歷查詢系統」，提供民眾查詢建築物建造執照及使用執照登載事項內容，及該建築工程之起造人、承造人、設計人及監造人的基本資料、獎懲紀錄及近年實蹟。查詢方式如圖解查詢❺。

依據《建築法》第 28 條規定，「建築執照分成 4 種：1. 建造執照：建築物之新建、增建、改建及修建，應請領建造執照。2. 雜項執照：雜項工作物之建築，應請領雜項執照。3. 使用執照：建築物建造完成後之使用或變更使用，應請領使用執照。4. 拆除執照：建築物之拆除，應請領拆除執照。」

此外，《建築法》第 25 條規定：「建築物非經申請直轄市、縣（市）（局）主管建築機關之審查許可並發給執照，不得擅自建造或使用或拆除。」《建築法》第 73 條規定：

「建築物非經領得使用執照,不准接水、接電及使用。」

　換句話說,「建造執照」為當地建管機關同意業主來興建該建物的證照。取得建造執照後,建設公司才可以開始蓋房子,並銷售預售屋。「使用執照」為當地建管機關認定該建物合法的證照,若未取得,就是所謂的「違章建築(違建)」。取得使用執照,建設公司才可以申請送水送電,之後才可以交屋,認列營收與獲利。

地籍圖資網路便民服務系統》交屋狀況

　由於建設公司的營收與獲利具有景氣循環股的特性,藉由估算建案的入帳時點來進行投資決策,也是一種可行的策略。藉由「地籍圖資網路便民服務系統」,可以清楚知道各建案的交屋狀況。查詢方式如圖解查詢❻。

各季財報

Step1 要搜尋建設公司各季財報，首先要進入「公開資訊觀測站」網站首頁（mops.twse.com.tw/mops/web/index），接著依序點選❶「基本資料」、❷「電子書」、❸「財務報告書」。

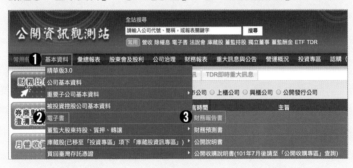

Step2 待頁面跳轉後，輸入想要查詢的資料。此處以樂揚（2599）為例，若想查詢該公司2017年的財務報表，則僅需在❶「公司代號或簡稱」輸入「2599」、在❷「年度」輸入「106」（編按：須輸入民國年度）即可。輸入完畢後按下❸「查詢」。

接續下頁

Step3 新跳出的視窗會出現樂揚2017年各季的財務報表。由於樂揚為興櫃公司，每半年公布財報一次，故僅有❶第 2 季和第 4 季的財報。投資人可以直接選擇所欲查詢的季別，點選右方的❷電子檔案檔名，即可開啟財報。

資料來源：公開資訊觀測站

Step1 建設公司年報的查詢方式與各季財報雷同，一樣是進入公開資訊觀測站首頁，接著依序點選❶「基本資料」、❷「電子書」、❸「年報及股東會相關資料（含存託憑證資料）」。

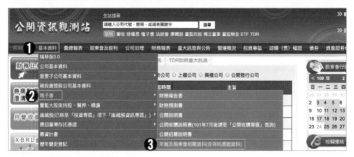

Step2 待頁面跳轉後，此處同樣以查詢樂揚 2017 年的資料為例，在❶「公司的代號或簡稱」輸入「2599」，但在❷「年度」部分要特別注意，由於公司年報會於次年公布，故輸入年度需要「＋1」，也就是若想查詢 2017 年（民國 106 年）的年報，須在年度輸入「107」（編按：須輸入民國年度）。輸入完畢按❸「查詢」。

Step3 新跳出的視窗會出現樂揚開會通知、股東會各項議案參考資料、議事手冊及會議補充資料、股東會年報和股東會議事錄等資料。接著，點選❶「股東會年報」右方的❷電子檔案檔名，即可看到樂揚 2017 年年報的相關資料。

電子資料查詢作業

公司名稱：樂揚

財務報告更正[補]正：為給公司最近一次更補正資訊，請公司歷次 更補正資訊，請至「財務報告更[補]正 查詢作業」查詢

證券代號	資料年度	資料類型	結案類型	股東會性質	資料細節說明	備註	電子檔案	檔案大小	上傳日期
2599	107 年	股東會相關資料		常會		開會通知		2018_2599_20180613F01.pdf	277,484	107/05/11 09:43:21
2599	107 年	股東會相關資料		常會	股東會各項議案參考資料			973,738	107/05/11 09:45:16
2599	107 年	股東會相關資料		常會	議事手冊及會議補充資料		2018_2599_20180613F02.pdf	2,004,662	107/05/18 09:20:54
2599	106 年	股東會相關資料		常會		股東會年報		2017_2599_20180613F04.pdf	,698	107/06/05 09:23:29
2599	107 年	股東會相關資料		常會		股東會議事錄		2018_2599_20180613F05.pdf	2,141,132	107/06/20 09:33:12

倘無法順利開啟電子檔案，請注意電腦是否已具備相關讀檔軟體
Adobe reader建議安裝8.0(含)以上

資料來源：公開資訊觀測站

 法說會資料

Step 1 「法說會資料」的查詢方式與前兩者雷同，一樣是進入公開資訊觀測站首頁，接著依序點選❶「重大訊息與公告」、❷「法說會」。

Step 2 頁面跳轉後，接著輸入❶「公司的代號或簡稱」，此處同樣以樂揚為例，輸入「2599」。輸入完畢後按❷「查詢」。

Step3 頁面跳轉後即可看到樂揚上次法說會是在 2011 年 8 月 4 日召開，接著點選法人說明會簡報內容❶「中文檔案」檔名，就可以看到該次法說會的相關資料。

資料來源：公開資訊觀測站

圖解查詢④　建案交易行情

Step1 登入實價登錄網站首頁（lvr.land.moi.gov.tw），點選❶「不動產買賣」。在跳出的視窗❷「請輸入驗證碼」中輸入左方數字，輸入完畢按下❸「確認」。

接續下頁

Step2 頁面跳轉後，點選❶「多條件」。在新跳出的提示視窗點選❷「確定」。

接著，以樂揚建設的「中山文華」建案為例，坐落位置為「台北市大同區承德路二段 69 號」，但是實價登錄的網站無法準確到路名號碼，查詢時只能查「台北市大同區承德路二段」。故在❸「縣市區域」選擇「台北市大同區」，在❹「種類」勾選「房地（土地＋建物）」以及「房地（土地＋建物）＋車位」，在❺「交易期間」選擇「107 年 1 月～ 107 年 5 月」（編按：須輸入民國年度），在❻「道路名稱」輸入「承德路二段」。輸入完畢按❼「搜尋」。

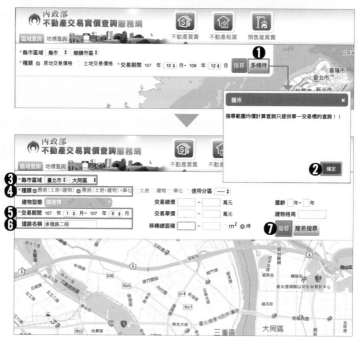

Step3 頁面跳轉後，在新跳出的系統提醒視窗點選❶「取消提醒」，接著再依據頁面右方交易資料各建案的❷「區段位置或區段門牌」、❸「屋齡」、❹「樓別、樓高」等資訊來判斷。

以樂揚建設的「中山文華」建案來看，其地址為台北市大同區承德路二段 69 號，樓高為 18 層樓，民國 107 年查詢的時候建案才剛完工，所以屋齡在 1 年以下。經過仔細比對以後，就可以判斷哪些建案屬於「中山文華」建案。點選想要了解的建案，下方就會出現該建案的❺「交易年月」、❻「交易總價」等資訊。

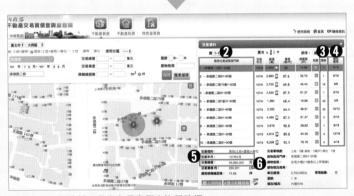

資料來源：內政部不動產交易實價查詢服務網

建築工程履歷、營收與成本參考

Step1　登入「建築工程履歷查詢系統」網站首頁（cpabm. cpami.gov.tw/cers/SearchContForm.do），點選上方❶「起造人」。接著，以三發地產（9946）為例，在❷「起造人名稱」輸入「三發地產」，在❸「驗證碼」輸入右方數字，輸入完畢後按下❹「查詢」。

Step2　將網頁往下拉，在下方查詢結果列表即可看到起造人的建築工程履歷，任意點選其中一項，例如點選❶「三發地產股份有限公司（負責人：鍾俊榮）」，待頁面跳轉後，即可看到❷「起造人基本資料」，以及他的❸「建築履歷」，可得知在民國 107 年取得使用執照的案件件數僅 1 件，點選❹「1 件」，查看該建案的相關執照列表。

Step3 接著，點選「建造執照」下方的❶「（107）南工使字第03917號」，在新跳出的視窗裡，即可看到該建案的詳細資訊，像是❷「基地面積」、❸「設計建蔽率」、❹「設計容積率」、❺「總樓地板面積」、❻「工程造價」（僅供參考，用來計算設計費用和房屋稅的，與實際造價無關）、❼「構造種類」等。利用這些資訊，可以幫助我們推估建案的總營收以及總成本。

三發地產股份有限公司負責人:鍾俊榮 的建築履歷

年度	105年	106年	107年	108年	109年
建造執照案件件數	1件		1件	2件	
使用執照案件件數		2件	1件		

「三發地產股份有限公司負責人:鍾俊榮，107年，使用執照案件件數」的相關執照列表
查詢結果共1筆 1

建造執照	建築地點	起造人	設計人	監造人	承造人
❶ (107)南工使字第03917號	臺南市永康區東橋五路320號	三發地產股份有限公司負責人:鍾俊榮	吳宗儒	吳宗儒	京富祥營造股份有限公司

接續下頁

091

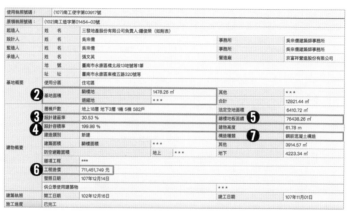

使用執照號碼：		(107)南工使字第03917號				
原領執照號碼：		(102)南工造字第01454-03號				
起造人	姓　名	三發地產股份有限公司負責人:鍾俊榮（如附表）				
設計人	姓　名	吳宗儒		事務所		吳宗儒建築師事務所
監造人	姓　名	吳宗儒		事務所		吳宗儒建築師事務所
承造人	姓　名	張文英		營造廠		京富祥營造股份有限公司
基地概要	地　號	臺南市永康區橫北段13地號等1筆				
	址　址	臺南市永康區東橋五路320號等				
	使用分區	住宅區				
	❷ 基地面積	騎樓地	1478.26 ㎡	其他		＊＊＊
		總地坪	＊＊＊	合計		12821.44 ㎡
建物概要	層樓戶數	地上18層 地下3層 1棟 5棟 582戶		法定空地面積		6410.72 ㎡
	❸ 設計建蔽率	30.53 %		❺ 總樓地板面積		76438.26 ㎡
	❹ 設計容積率	199.98 %		建物高度		61.78 m
	建造類別	新建		❼ 構造種類		鋼筋混凝土構造
	建築面積	騎樓面積	＊＊＊	其他		3914.57 ㎡
	防空避難面積		地上	＊＊＊	地下	4223.34 ㎡
	雜項工程	＊＊＊				
	❻ 工程造價	711,451,749 元				
	發照日期	107年12月14日				
	供公眾使用建築物			＊＊＊		
建築執照	開工日期	102年12月16日		竣工日期		107年11月01日
施工進度	已完工					

資料來源：建築工程履歷查詢系統

圖解查詢 ❻　建案交屋狀況

Step 1　登入「地籍圖資網路便民服務系統」網站首頁（easymap. land.moi.gov.tw），點選上方❶「進入系統」。

Step2 頁面跳轉後，先在右上方點選欲查詢之建案所坐落的縣市，此處以❶「台中市全功能電傳」為例。

Step3 頁面跳轉後，點選左側❶「進入系統」。

Step4 由於查詢資料需要繳納規費，必須先選擇支付方式，才能進入查詢。依序填寫❶「用戶識別碼」、「用戶密碼」和「圖形認證碼」等資訊，填寫完畢後按❷「認證」。

接續下頁

Step5 進入系統後，在左上方選擇欲查詢的地號。此處以總太（3056）的「東方紐約」建案為範本，輸入其坐落的位置❶台中市東區 0322 旱溪段，地號為❷「296-2」。由於每次查詢都需要支付 10 元的費用，故須仔細確認地址是否輸入正確，檢查無誤以後按❸「查詢」。

Step6 頁面跳轉以後，從查詢結果下方的❶「所有權部」可以看出該地址的所有權人共有 71 人。接著在頁面右方可發現，其中 1 人為建商❷「總太地產開發股份有限公司」。由此可知，截至 2019年 12 月 27 日查詢日當天，總太的「東方紐約」建案已交屋戶數為 70 戶（其中「建嘉石材有限公司」是法人購屋）。

Step7　經過 1 星期之後，於 2020 年 1 月 4 日再次查詢。從查詢結果下方的❶「所有權部」可以看出該地址的所有權人有 76 人，其中 1 人為建商「總太地產開發股份有限公司」，也就是說，此建案已交屋戶數已經變成 75 戶。因此我們推論出，2019 年 12 月 27 日至 2020 年 1 月 4 日的這星期中，交屋數為 5 戶（＝ 75 － 70）。了解這些資訊以後，投資人只要將每戶售價乘以當期過戶數目，即可推估當期營收。

資料來源：地籍圖資網路便民服務系統

CHAPTER 2
實戰演練
深入分析個股

篩股策略》
用營建股投資策略評分模型選股

　　讀者從第 1 章可以知道，建設公司由於營業週期較長，從規畫、獵地、推案、建造到完銷，大概需要 3 年～ 5 年的時間。由於行業性質特殊，一般的財務指標無法觀察出企業的營運狀況，像是一般人在選股時常會觀察的流動比率、資產周轉率、應收帳款周轉率、股東權益報酬率（ROE）等，都和營建股的股價走勢沒有什麼關係。如果用以上財務指標來挑選營建股，投資報酬率一定不理想。

調整皮氏分數計算表，自創篩股模型

　　話雖如此，營建股仍有一套透過財務指標篩出好公司的評選標準。在繼續說明之前，我先向大家介紹「皮氏分數（F Score）」，這是由美國芝加哥大學的會計教授皮爾托斯基

（Joseph Piotroski）所發表的一套價值股評分模型，可以用來判斷一家公司是否具有投資價值。

皮氏分數評分的面向包含獲利性、安全性、成長性，每個面向各包含 3 個指標，一共有 9 個指標，每個指標的權重相同。這 9 個指標，每符合 1 項就得 1 分，滿分為 9 分，最低分為 0 分。得高分者代表具有投資價值，得低分者則視為地雷股（詳見表 1）。皮爾托斯基曾以美股的歷史資料進行回測，發現分數在 8 分以上者，股價上漲的機率較高；分數在 1 分以下者，倒閉或下市的機率比較高。若同時買進 8 分以上，並賣出 1 分以下者，投資組合的年化報酬率將達到 23%。

皮氏分數的選股模型，雖然可以幫助投資人快速找出價值股，但我認為，這種評分方式仍有缺點，因為皮氏分數僅重視公司的經營績效，未檢視股價是否合理。由於股價會直接影響到投資報酬率，若買進價格低，可獲得的報酬率就相對較高；若買進價格高，可獲得的報酬率就相對較低。然而一般來說，好公司的股價也會比較高，因此，投資人應該試圖找出股價被低估的好公司。

表1 根據皮氏分數標準，股票最高可得9分
——皮氏分數（F Score）評分模型

面向	財務指標	得分標準
獲利性	本期淨利	正值，得1分
	營業活動現金流量	正值，得1分
	營業活動現金流量大於本期淨利	正值，得1分
安全性	長期負債比率	較前1年減少，得1分
	流動比率	較前1年上升，得1分
	現金增資	若無現金增資，得1分
成長性	資產報酬率	較前1年成長，得1分
	毛利率	較前1年上升，得1分
	總資產周轉率	較前1年上升，得1分

資料來源：〈價值投資之透過財報分辨出贏家及輸家〉（暫譯，Value Investing: The Use of Historical Financial Statement Information to Separate Winners from Losers）

　　我將皮氏分數的選股模型做了調整，總分從9分提高為100分，模型評價的面向也從3個擴展為5個，分別為營收成長性、獲利成長性、穩定性、安全性和價值性。在上一本書《會計師低價存股術 用一張表存到1300萬》裡，我將這個方法運用在選擇價值股上，表格名稱是「丁彥鈞價值股篩選模型評估表」。當時書中提到，對於一般股票來說，判斷標準如表2。

表2 用價值股篩選模型評估表挑一般股票

——丁彥鈞價值股篩選模型評估表

面向	財務指標	條件說明	得分標準	權重（分）
營收成長性	月營收月增率	營收較上月成長	>0，得5分	5
	月營收年增率	營收較去年同期成長	>0，得5分	5
	累計營收年增率	累計營收較去年同期成長	>0，得10分	10
	總分			20
獲利成長性	毛利率季增率	毛利率較上季上升	>0，得5分	5
	毛利率年增率	毛利率較去年同季上升	>0，得5分	5
	營業利益季增率	營業利益較上季上升	>0，得5分	5
	營業利益年增率	營業利益較去年同季上升	>0，得5分	5
	總分			20
穩定性	營業活動現金流量	過去5年營業活動現金流量為正	符合1年，得1分	5
	營業利益	過去5年營業利益為正	符合1年，得1分	5
	本期淨利	過去5年本期淨利為正	符合1年，得1分	5
	現金股利	過去5年發放現金股利	符合1年，得1分	5
	總分			20
安全性	流動比率	流動比率>100%	符合條件，得5分	5
	負債比率	負債比率<50%	符合條件，得5分	5
	總分			10
價值性	本益比	*計算百分等第	愈低愈高分	15
	股價淨值比	*計算百分等第	愈低愈高分	5
	現金股利殖利率	*計算百分等第	愈高愈高分	10
	總分			30

註：1.此表最適合用在傳統產業股，至於金融股，由於負債比率過高，且財報表達方式比較特殊，滿分只有 80 分，使用此種分析方式需稍微調整，而營建股則不適合使用此種分析方式，應改用表 3 下去評估；2.* 百分等第為該項財務指標占全體上市櫃公司的排名

基本上，使用「丁彥鈞價值股篩選模型評估表」篩選出來的個股，只要分數在 80 分以上，都值得投資人進一步鑽研。

但要注意的是，「丁彥鈞價值股篩選模型評估表」最適用於傳統產業股。至於金融股，由於負債比率過高，且其財報表達方式比較特殊，使用此種分析方式需要稍作調整，滿分只有 80 分，得分位於 65 分以上，投資人就可以考慮買進。

用 5 指標評估營建股投資價值

營建股因為公司特性不同的關係，我將表 2 的內容稍微更動之後，製成「丁彥鈞營建股投資策略評分模型」（詳見表 3）。

就建設公司而言，判斷未來成長性的指標，主要是「與建案銷售有關的合約負債」、「與建案銷售有關的未認列合約承諾」、「與建案銷售有關的每股未認列合約承諾」。獲利性指標為「毛利率」、「營業淨利率」。穩定性指標

為「營業活動現金流量」、「營業淨利」、「本期淨利」、
「現金股利」。安全性指標則看餘屋的「滯銷率」。

　　價值性指標是衡量股價是否便宜的指標，主要是拿「股
價」與「本季每股淨值＋每股潛在獲利」相比（編按：特
別注意的是，由於是初步篩選，每股潛在獲利不須計算折
現值）。其中，「本季每股淨值」代表建設公司現在的價值，
「每股潛在獲利」代表建設公司未來可能賺取的每股獲利，
而「本季每股淨值＋每股潛在獲利」就代表建設公司未來
的價值。

　　在效率市場的理論中，股價會反映公司未來所有已知的
消息，因此，我將股價與建設公司未來的價值相比，藉以
判斷該檔個股目前是否具有投資價值。以下將詳細說明各
個選股指標：

1. 成長性

　　依據國際會計準則理事會（IASB）發布的「財務報導之
觀念架構」，會計的基本品質特性包含了確認價值、預測
價值 2 項要素。

表3 用「丁彥鈞營建股投資策略評分模型」挑營建股

面向	財務指標	條件說明	
成長性	與建案銷售有關的合約負債	較前期上升	
	與建案銷售有關的未認列合約承諾	較前期上升	
	與建案銷售有關的每股未認列合約承諾	計算公式為「與建案銷售有關的未認列合約承諾÷股數」	
獲利性	毛利率	過去3年平均值	
	營業淨利率	過去3年平均值	
穩定性	營業活動現金流量	過去5年為正值	
	營業淨利	過去5年為正值	
	本期淨利	過去5年為正值	
	現金股利	過去5年發放現金股利	
安全性	滯銷率	計算公式為「帳上完工建案金額÷存貨總額」	
價值性	每股潛在獲利	計算公式為「與建案銷售有關的未認列合約承諾×過去3年平均營業淨利率×（1－20%）÷股數」	
	股價淨值比	計算公式為「股價÷（本季每股淨值＋每股潛在獲利）」	

註：1. 就成長性與獲利性的指標而言，「40～50，得8分」表示大於40，且小於等於50者得8分，其他依此類推；2. 就安全性和價值性的指標而言，「5%～

——丁彥鈞營建股投資策略評分模型

得分標準	權重 （分）
得5分	5
得5分	5
＞50，得10分；40～50，得8分；30～40，得6分；20～30，得4分；10～20，得2分；≤10，得0分	10
總分	20
＞40%，得10分；35%～40%，得8分；30%～35%，得6分；25%～30%，得4分；20%～25%，得2分；≤20%，得0分	10
＞30%，得10分；25%～30%，得8分；20%～25%，得6分；15%～20%，得4分；10%～15%，得2分；≤10%，得0分	10
總分	20
符合1年，得1分	5
符合1年，得1分	5
符合1年，得1分	5
符合1年，得1分	5
總分	20
≤5%，得10分；5%～10%，得8分；10%～15%，得6分；15%～20%，得4分；20%～25%，得2分；＞25%，得0分	10
總分	10
＞5，得10分；4～5，得8分；3～4，得6分；2～3，得4分；1～2，得2分；≤1，得0分	10
≤0.5，得20分；0.5～0.6，得18分；0.6～0.7，得16分；0.7～0.8，得14分；0.8～0.9，得12分；0.9～1.0，得10分；1.0～1.1，得8分；1.1～1.2，得6分；1.2～1.3，得4分；1.3～1.4，得2分；＞1.4，得0分	20
總分	30

10%，得 8 分」表示大於等於 5%，且小於 10% 者得 8 分，其他依此類推

　　「確認價值」是指財報所提供的資訊可以確認或修正以前的預期；「預測價值」則表示財報所提供的資訊可以作為預測未來的基礎。

　　雖然很多人表示，財務報表是企業過去的經營成果，為落後指標，看財報選股只會賠錢。但其實會計資訊具有「預測價值」，可以協助投資人預測未來的情況。

　　以建設公司的財報來說，「合約負債」代表預收屋的銷售情況，合約負債的金額愈高，代表預售屋賣得愈好，向客戶預收的款項愈多。當預售屋完工交屋時，建設公司就可以認列營收與獲利。因此，「合約負債」這個會計項目，就具有「預測價值」的性質。

　　但是也要特別注意，很多建設公司旗下都有營造廠，故而資產負債表顯示的合約負債，是一個總額的概念，包含「營造工程款」、「預收房地款」、「環境工程」（不常出現）和「預收租金」（不常出現）。

　　以欣陸（3703）2019 年第 3 季的合併財報為例，資

圖1 2019年Q3，欣陸合約負債逾60億元
——欣陸（3703）2019年Q3資產負債表

		108.9.30		107.12.31		107.9.30	
	負債及權益 流動負債：	金 額	%	金 額	%	金 額	%
2100	短期借款(附註六(十五))	$ 8,491,309	13	11,019,633	17	11,869,766	18
2110	應付短期票券(附註六(十六))	1,050,000	2	790,000	1	1,090,000	2
2130	合約負債－流動(附註六(廿六))	6,016,425	9	5,641,630	8	4,540,312	7
2170	應付票據及帳款(附註七)	5,989,274	9	7,030,182	10	7,093,177	11
2200	其他應付款(附註七)	1,730,051	3	1,507,765	2	836,851	1
2230	本期所得稅負債	219,558	-	36,196	-	24,240	-
2250	負債準備－流動(附註六(十九)及七)	534,456	1	536,795	1	599,385	1
2280	租賃負債－流動(附註六(十八))	94,478	-	-	-	-	-
2310	預收款項	39,793	-	60,002	-	66,680	-
2320	一年或一營業週期內到期長期負債(附註六(十七))	1,016,830	2	884,930	1	710,680	1
2399	其他流動負債－其他	100,402	-	119,852	-	88,989	-
		25,282,576	39	27,626,992	40	26,920,080	41
	非流動負債：						

註：單位為新台幣千元；「－」表示無資料
資料來源：公開資訊觀測站、欣陸 2019.Q3 合併財報

產負債表帳列合約負債金額為 60 億 1,642 萬 5,000 元
（詳見圖 1）。但再進一步細看財報附註「六、重要會計
項目之說明」的「二十六、客戶合約收入」項下會發現，
與預售屋銷售有關的預收房地款，金額只有 20 億 4,094
萬 1,000 元（詳見表 4）。

　也就是說，如果只看資產負債表的大表，而未深入研究
財報後面的附註揭露，很容易做出過度樂觀的決策，以為
建設公司的預售屋賣得非常好。

表4 欣陸預收房地款約占合約負債34%

——欣陸（3703）2019年Q3客戶合約收入

項目	2019.09.30金額（千元）
應收票據	299,740
應收帳款（含長期應收款）	7,043,685
減：備抵損失	—
合計	7,343,425
合約資產——營造工程	2,300,264
合約資產——應收保留款	2,810,779
合約資產——應收完工估列款	61,480
合計	5,172,523
合約負債——營造工程	3,923,520
合約負債——環境工程	46,588
合約負債——預收房地款	2,040,941
合約負債——預收租金	5,376
合計	6,016,425

註：「—」表示無資料
資料來源：公開資訊觀測站、欣陸 2019.Q3 合併財報

　　同理，「未認列合約承諾」代表預售屋的銷售總額，同樣具有預測價值，可以預測建設公司未來的營收與獲利。

　　因為冠德（2520）的營造金額很大，故而此處改以冠德 2019 年第 3 季的合併財報為例。

表5 從「已簽訂之銷售合約價款」看預售屋銷售
——冠德（2520）2019年Q3重大未認列之合約承諾

項目名稱		2019.09.30金額 （千元）
合併公司承攬之重大 工程契約總額	承攬工程契約總額	18,556,442
	已收取金額	6,531,381
合併公司與客戶簽訂 之預售及成屋銷售合 約價款	已簽訂之銷售合約價款	16,143,344
	已依約收取金額	5,175,500

資料來源：公開資訊觀測站、冠德 2019.Q3 合併財報

　　從財報中可以看出，冠德在「九、重大或有負債及未認列之合約承諾」附註中的「重大未認列之合約承諾」項下，與預售屋銷售有關的「已簽訂之銷售合約價款」，金額為161億4,334萬4,000元。至於185億5,644萬2,000元，是「承攬工程契約總額」，與預售屋的銷售情況無關（詳見表5）。

　　因此，投資人從財報附註尋找「未認列合約承諾」或「未認列之合約承諾」時，一定要特別注意，只能夠計算與銷售建案有關的金額。

綜觀上述可知，成長性指標可用「與建案銷售有關的合約負債」、「與建案銷售有關的未認列合約承諾」及「與建案銷售有關的每股未認列合約承諾」來衡量。

當本季「與建案銷售有關的合約負債」較前一期上升即得 5 分；反之，得 0 分。當本季「與建案銷售有關的未認列合約承諾」較前一期上升即得 5 分；反之，得 0 分。

將與建案銷售有關的未認列合約承諾除以股數，可知道已售房地的每股營收，也就是「與建案銷售有關的每股未認列合約承諾」，此項目若是大於 50 即得 10 分，小於等於 10 即得 0 分，中間部分則以 10 分為 1 個級距，1 個級距 2 分。

2. 獲利性

《公司法》第 1 條開宗明義說道：「本法所稱公司，謂以營利為目的」。可見設立公司的目的，就是要獲利，要回饋股東。理論上，愈賺錢的公司，價值就愈高，投資人就願意用比較高的價格買進這家公司的股票，使得獲利能力佳的公司股價也比較高。

　　觀察獲利的指標，不外乎是毛利率與營業淨利率。而一家建設公司要有比較高的獲利率，不外乎就是靠著品牌與口碑，售價開得比市場行情還高，或是以成本領導的方式，壓低建案的成本。

　　建設公司要壓低建案的成本的話，可以用高超的手腕買進價格低廉的土地、以雄厚的財力與精準的眼光買下土地後並養地多時，或是以規模經濟壓低平均建造成本。這些優於同業的經營能力，最終都會反映在毛利率或營業淨利率上。

　　因此，觀察一家建設公司來自本業的獲利率，就可以知道其經營能力。一家公司在過去有較佳的獲利能力，通常未來賺錢的機率也會比較高。因此在挑選毛利率時，我會用過去的獲利能力做初步的篩選。

　　然而，體質差的建設公司也可能脫胎換骨，體質佳的建設公司也可能做出錯誤的判斷。因此，若是要預測建設公司未來的獲利能力，最準確的方式還是就每個建案的地區個案判斷。

　　綜觀上述可知，獲利性指標可以「毛利率」與「營業淨利率」來衡量。其中，毛利率是以過去 3 年毛利率平均值來看，大於 40% 即得 10 分，小於等於 20% 即得 0 分，中間部分則以 5 個百分點為 1 個級距，1 個級距 2 分。

　　營業淨利率是以過去 3 年營業淨利率平均值來看，大於 30% 即得 10 分，小於等於 10% 即得 0 分，中間部分則以 5 個百分點為 1 個級距，1 個級距 2 分。

3. 穩定性

　　由於建設公司的獲利具有景氣循環的特性，營收與獲利的波動較大，通常高峰會集中在建案完工的期間。若一時周轉不靈，就有倒閉的風險。

　　穩定性的指標可以觀察建設公司在過去 5 年，「營業活動現金流量」、「營業淨利」、「本期淨利」是否每年都為正值，以及公司是否每年都有發放「現金股利」。

　　如果建設公司的營運較穩定、經營風險較小，市場就願意用比較高的價格買進建設公司的股票。4 個穩定性指標

皆以年為單位，只要在過去 5 年中，1 年數值為正數就得
1 分，各項目滿分皆為 5 分。

4. 安全性

安全性的部分則以滯銷率來衡量。建設公司的「待售房
地」，就字面上看來是準備出售的房屋與土地，但也可以
看作是期末在帳上還沒賣出去的建案。賣不出去的原因，
可能是售價太高，或是品質不佳，對建設公司都會造成負
面的影響。

這些「待售房地」就是所謂的「餘屋」，如果持續賣不
出去，建設公司每年就要持續繳地價稅與房屋稅等財產稅。
由於房子要賣出去才能收到錢，賣不出去就是讓資金積壓
在這些餘屋上，就沒辦法再獵地推銷新案，未來的獲利展
望就會下降。而積壓的這些資金，部分是向銀行借款，每
個月要支付利息費用，會造成建設公司的財務壓力。

此外，餘屋一直賣不出去，隨著時間的經過，建築物也
會逐漸老舊，增加銷售的難度。最後只好打折以成本價洽
特定人銷售，甚至是虧損出售。

因此，將「待售房地（即帳上完工建案金額）÷存貨總金額」，可以看出存貨的滯銷率。滯銷率為負面指標，滯銷率愈高，表示建設公司的銷售能力愈差，影響安全性。此項目如果小於等於 5% 即得 10 分，大於 25% 即得 0 分，中間部分則以 5 個百分點為 1 個級距，1 個級距 2 分。

5. 價值性

由於建設公司的獲利集中在建案完工交屋時，空窗期則可能當月虧損，具有景氣循環股的性質，並不適合用本益比法評價。而建設公司的資產多為存貨，土地與房屋的所有權不容易造假，看得到、摸得著，且可以利用實價登錄的資訊判斷帳列價格是否合理，因此，最適合用每股淨值評價。

每股淨值代表建設公司的價值，認同價值投資的人，就應該在股價低於每股淨值的時候買進。只要公司經營階層正派，不掏空公司，投資人就可以用很低的成本買到物超所值的資產（指股票）。

然而，每股淨值是公司藉由過去的努力，所呈現在財報

上的價值。由於會計的保守性原則，在全部完工法的架構下，有些已賺得的獲利，在預售屋交屋之前，由於控制權還在建設公司身上，還不能認列，必須等到建案完工交屋後，建設公司才可以認列獲利。

　　此外，基於會計上的穩健性原則，導致建設公司目前帳面上的每股淨值遭到低估，無法反映其真實價值。若把公司已出售但未認列的獲利加回去，更能反映每股真實價值。

　　「與建案銷售有關的未認列合約承諾」代表預售屋已經賣出去的金額，之後建案完工交屋，就會變成未來年度的營業收入金額。「丁彥鈞營建股投資策略評分模型」中用過去 3 年的平均營業淨利率為基礎，將「與建案銷售有關的未認列合約承諾 × 過去 3 年的平均營業淨利率」，可以估算出未來可以認列的營業淨利金額。

　　在房地合一稅實施後，以 20% 的稅率估計所得稅費用，將營業淨利扣除所得稅費用，可以得到稅後淨利。之後再將稅後淨利除以股數，可以算出「已售出未認列的每股獲利」，也就是「每股潛在獲利」。

　　每股潛在獲利愈高愈好，因此設定為大於 5 元即得 10 分，小於等於 1 元即得 0 分，中間部分則以 1 元為 1 個級距，1 個級距 2 分。

　　將「本季每股淨值＋每股潛在獲利」，就是未來的每股淨值。接著，可以用未來的每股淨值和目前的股價相比，藉以判斷股價的合理性。

　　如果股價比未來的每股淨值高，代表股價偏高；如果股價比未來的每股淨值低，代表股價偏低。用「股價除以未來每股淨值」，可以得出股價淨值比，比率愈低，就愈具投資價值，未來股價上漲的機率就愈高。

　　由於股價淨值比主要是衡量股價的便宜程度，故而小於 0.5 倍即得 20 分，大於等於 1.4 倍即得 0 分，中間部分則以 0.1 倍為 1 個級距，1 個級距 2 分。

評價 50 分以上股票，可列入觀察

　　到這裡我已經將所有指標都解釋完畢，其實營建股的選

股邏輯很簡單,不外乎是尋找有成長性的公司,也就是尋找有獲利,且獲利在成長的公司,這樣股價上漲的機率比較高。穩定性與安全性代表公司的風險,低風險的建設公司易漲難跌,對投資人比較有保障。

最後,買進的成本會影響最終的投資報酬率,買進成本愈低,投資報酬率就愈高,因此投資人應該要在股價低點買進。

由於營建股本身的特殊性,使得在評分時,分數都偏低。而投資人只要利用「丁彥鈞營建股投資策略評分模型」,挑選總分在 50 分以上的股票,就可以用低價買進業績成長的低風險建設公司,之後就是每天睡覺,等著建案完工就好。

過去照著這個邏輯,我選出來的營建股,股價都大幅成長,平均年化報酬率 237%(詳見表 6)。

但這裡要提醒讀者,「丁彥鈞營建股投資策略評分模型」也有一些缺點,例如建商會持續推案,尚未推案的部分,

表6　10檔分享營建股，年化報酬率高達237%

代號	簡稱	首次分享日		設定目標價（元）		最高價（元）
		日期	收盤價	價格	到達日期	價格
2534	宏　　盛	2017.08.25	21.80	35	2018.04.20	42.25
2509	全 坤 建	2018.02.25	21.65	35	2018.06.07	37.95
5534	長　　虹	2018.03.17	86.80	100	尚未到達	99.50
2599	樂　　揚	2018.07.08	16.05	N/A	N/A	22.08
2548	華　　固	2018.12.20	65.40	80	2019.04.30	98.20
5206	坤　　悅	2019.02.14	14.30	20	2019.06.03	20.40
9946	三發地產	2019.03.29	15.20	25	2019.08.13	29.20
6186	新　　潤	2019.05.06	18.50	27	2019.08.28	34.60
3056	總　　太	2019.05.14	19.25	40	尚未到達	34.15
6171	亞 銳 士	2019.06.13	12.65	20	2019.09.05	24.70

註：1. 資料統計時間為 2019.12.31；
　　2. 若首次分享日遇假日，則收盤價是以前一交易日的收盤價為主；
　　3. 樂揚因為我在關注時就並未公告目標價，故而表中以 N/A 表示；
　　4. 報酬率至目標價是以「目標價 ÷ 首次分享日收盤價－1×100%」下去計算，
　　　 若中途有配發股利，則將目標價還原權息計算，若未設有目標價或目標價尚未
　　　 到達，則以 N/A 表示；

——丁彥鈞10檔分享營建股績效統計

到達日期	股利（元）		日期	報酬率（%）		年化報酬率	
	現金股利	股票股利		至目標價	至最高價	天數（天）	報酬率（%）
2018.06.26	0	0	N/A	61	94	238	107
2018.06.08	0	0	N/A	62	75	102	458
2018.06.06	0	0	N/A	N/A	15	81	85
2019.07.25	2	0	2018.07.09	N/A	50	382	47
2019.11.26	5	0	2019.07.03	22	58	131	75
2019.06.03	0	0	N/A	40	43	109	208
2019.11.19	0.3	0.7	2019.08.19	64	108	137	276
2019.11.29	1	0	2019.08.22	51	92	114	277
2019.12.27	1.5	0	2019.06.27	N/A	85	227	169
2019.12.27	0.2	0	2019.08.01	60	97	84	664

| | | | | | | 平均年化報酬率 | 237% |

5. 報酬率至最高價是以「最高價 ÷ 首次分享日收盤價－1×100%」下去計算，若中途有配發股利，則將最高價還原權息計算；

6. 年化報酬率的天數是計算「目標價到達日期－首次分享日」，若無目標價或目標價尚未到達者，則改計算「最高價出現日期－首次分享日」。年化報酬率採「（報酬率至目標價＋1）^（365÷天數）－1×100%」計算，若報酬率至目標價為N/A，則改以報酬率至最高價計算

則無法估算未來獲利。已推出的建案,如果是採先建後售模式,也無法貢獻得分,但若市場預期此建案未來將迅速完銷,股價通常會事先反映。因此,對於先建後售的建案,應該要了解建案所在的位置,實地訪查,藉以判斷未來的銷售情況。

此外,在使用表格時必須要注意,分數高的企業不保證股價一定會漲,分數低的企業也不保證股價一定會跌。模型較佳的使用方式,是先針對分數高的企業進行質化分析,再選擇近期有建案完工,且獲利佳的公司買進,以提高自己的投資勝率。

記得以前在讀財報分析時,課文中有一段話:「財務分析結果只能提供有用資訊做成決策,但無法用財務分析結果來取代決策過程。」這段話很難出成考題測驗學生的學習成果,但對投資報酬率卻有著深遠的影響。

也就是說,依據選股模型,我們只能知道一家建設公司過去的財務績效很好,或是建案賣得很好。但是究竟為什麼賣得這麼好,還是必須深入研究。

　　故而選股模型只是幫助投資人了解建設公司的各面向表現，並不能直接取代投資決策。至於要如何將此模型運用到挑選營建股上，我會在後續章節陸續介紹。

2-2 長虹（5534）》
年年獲利　景氣低谷時仍能配息

長虹（5534）於 2002 年上櫃，2004 年上市，並於 2013 年獲《富比世亞洲》（Forbes Asia）雜誌選為亞洲地區企業 200 強之一。

截至 2020 年 1 月，長虹的資本額約為新台幣 29 億 326 萬元，曾為營建股中的股王，於 2019 年被華固（2548）超越，暫居第 2。長虹和華固、遠雄（5522）齊名，被市場尊稱為「廠辦三雄」。

長虹創辦人李文造於 1942 年出生，不滿 1 歲生母即過世，被託孤給娘家的姊妹照顧。養母終身未嫁，且收入不穩定。然而，即使生活困苦，養母還是鼓勵李文造完成學業，畢竟，教育是窮人翻身的唯一途徑，再怎麼窮，不能

窮教育。雖然母子必須靠勞力換取溫飽，李文造還是順利
考上成功大學土木系，半工半讀完成學業。

退伍後，李文造曾進入建築師事務所上班，後於 1975
年創立長虹建設。由於出身赤貧，李文造非常節儉，成本
控管能力很強，能以最小的成本達到最高的品質，不該花
的錢就不會浪費。加上李文造在建築師事務所上班時累積
的人脈資源、信用資產，與精準的眼光，讓長虹能夠順利
步上軌道。

步驟 1》以營建股投資策略評分模型檢視基本面

就目前可以查到的公開資料來看，自 2001 年至 2019
年，這期間長虹建設每年都賺錢，沒有任何一年賠錢，且
每年分配盈餘（股票股利或現金股利）。即使在產業景氣
位於谷底時，長虹建設都有辦法拿出現金分配股利，是一
家值得關注的好公司。

我是在 2018 年 3 月 17 日開始關注長虹的，若以「丁
彥鈞營建股投資策略評分模型」來評估，長虹的得分是 53

分，符合標準（詳見表 1）。

步驟 2》預估建案未來每股獲利

　　確定符合標準後就可以繼續研究。1-6 有提到，在評估營
建股的價值時，可以透過「每股淨值＋未來每股獲利折現
值」來計算。其中，每股淨值可以直接上網查詢，未來每
股獲利折現值則可以法説會資料與財報資料下去推估。為
了方便計算，除了未來每股獲利折現值是小數點第 2 位以
後採四捨五入以外，其他數值採千元以下四捨五入計算。

　　依據長虹 2017 年第 3 季合併財務報表中「存貨段」的
部分，以及長虹 2017 年法説會「開發興建個案概況表」
的資料，可以完成各建案的獲利估計。依建案工程進度分
別計算如下：

1. 待售房地

　　我們可以依據表 2 和表 3 的資料，估算長虹「待售房地」
建案未來的每股獲利。此處以「世紀長虹」建案為例，計
算方式如下：

表1 **長虹的營建股投資策略總分為53分**

——長虹（5534）之丁彥鈞營建股投資策略評分模型

面向	項目	權重（分）	得分（分）	總分（分）
成長性	與建案銷售有關的合約負債	5	0	8
	與建案銷售有關的未認列合約承諾	5	0	
	與建案銷售有關的每股未認列合約承諾	10	8	
獲利性	毛利率	10	8	18
	營業淨利率	10	10	
穩定性	營業活動現金流量	5	2	17
	營業淨利	5	5	
	本期淨利	5	5	
	現金股利	5	5	
安全性	滯銷率	10	0	0
價值性	每股潛在獲利	10	10	10
	股價淨值比	20	0	
合計				53

註：1. 資料統計時間為 2018.03.17；2. 得分標準詳見 2-1

①**營業收入＝總銷金額－累計已認列營收**：從表 3 可知，「世紀長虹」建案的總銷金額為 71 億 9,243 萬 1,000 元，截至 2017 年 9 月，累計已認列營收為 69 億 4,743 萬元，兩者相差 2 億 4,500 萬 1,000 元，即未來可供銷售的部

表2 加總待售房屋＋土地，得出未來營業成本
——長虹（5534）2017年Q3「待售房地」存貨明細表

項目	世紀長虹	長虹天璽	長虹天薈	長虹新世紀
待售房屋 （千元）	96,028	1,841,421	464,560	1,608,053
待售土地 （千元）	62,783	1,037,597	521,127	2,187,105
合計 （千元）	158,811	2,879,018	985,687	3,795,158

註：資料統計時間為 2017.09.30
資料來源：長虹 2017.Q3 合併財報

分。若全部銷售出去，將轉為營業收入。

　　②營業成本＝待售房屋＋待售土地金額：依據表２，截至 2017 年 9 月，「世紀長虹」建案帳上還沒賣出去的金額為 1 億 5,881 萬 1,000 元（含待售房屋和待售土地），若全數賣出，將轉為營業成本。

　　③營業毛利＝營業收入－營業成本：將營業收入扣除營業成本，可以計算出營業毛利金額為 8,619 萬元（＝2 億 4,500 萬 1,000 － 1 億 5,881 萬 1,000）。

項目	世紀長虹	長虹天璽	長虹天薈	長虹新世紀
基地位置	新北市 林口區	台北市 港華街	新北市 林口區	台北市 洲子街
基地面積（坪）	2,008.8	1,389.1	1,151.7	925.7
預計結案年度 （年）	2014	2016	2017	2016
2017.09.30 工程進度（%）	成屋銷售中 100	交屋中 100	交屋中 100	完工 100
銷售率（%）	98	98	90	100
總銷金額 （千元）	7,192,431	8,269,980	1,900,000	6,420,000
認列年度收入（千元）2014	3,966,217	—	—	—
2015	1,244,180	—	—	—
2016	924,517	—	—	—
2017.09	812,516	1,662,522	623,346	—
累計已認列營收 （千元）	6,947,430	1,662,522	623,346	—
已銷售金額 （千元）	7,034,291	8,071,800	1,710,000	6,420,000

表3　總銷金額扣除已認列營收為未來營業收入
——長虹（5534）2017年「開發興建個案概況表」

註：資料統計時間為 2017.12.26
資料來源：長虹 2017 年法說會資料

④**營業費用＝營業收入 × 平均營業費用率 5%**：由於
長虹的成本控管能力很強，依據過去的平均營業費用率
5% 概估，可以算出營業費用金額為 1,225 萬元（＝2 億

4,500 萬 1,000×5%）。

⑤**營業淨利＝營業毛利－營業費用**：將營業毛利扣除營業費用，可以算出營業淨利金額為 7,394 萬元（＝8,619 萬－1,225 萬）。

⑥**所得稅費用＝營業淨利 × 所得稅稅率 10%**：由於土地部分不需要交所得稅，所得稅稅率以營業淨利金額的 10% 概估，約 739 萬 4,000 元（ ＝7,394 萬 ×10%）。

⑦**稅後淨利＝營業淨利－所得稅費用**：將營業淨利扣除所得稅費用，可以算出稅後淨利金額為 6,654 萬 6,000 元（＝7,394 萬－739 萬 4,000）。

⑧**每股盈餘（EPS）＝稅後淨利 ÷ 股數**：最後，再將稅後淨利除以股數 2 億 9,000 萬股，可以算出 EPS 約為 0.23 元（＝6,654 萬 6,000÷2 億 9,000 萬）。

其餘建案以此類推，可以估算出長虹各建案的 EPS（詳

表4	長虹天璽建案預估可貢獻EPS 10.55元

長虹天璽建案預估可貢獻EPS 10.55元
——長虹（5534）「待售房地」建案預估獲利計算表

建案名稱	世紀長虹	長虹天璽	長虹天薈	長虹新世紀
營業收入（千元）	245,001	6,607,458	1,276,654	6,420,000
營業成本（千元）	158,811	2,879,018	985,687	3,795,158
營業毛利（千元）	86,190	3,728,440	290,967	2,624,842
營業費用（千元）	12,250	330,373	63,833	321,000
營業淨利（千元）	73,940	3,398,067	227,134	2,303,842
所得稅費用（千元）	7,394	339,807	22,713	230,384
稅後淨利（千元）	66,546	3,058,260	204,421	2,073,458
EPS（元）	0.23	10.55	0.70	7.15

註：1. 千元以下採四捨五入計算；2. 平均營業費用率以 5% 計算；3. 所得稅稅率以 10% 計算；4. 股數為 2 億 9,000 萬股
資料來源：長虹 2017.Q3 合併財報、長虹 2017 年法說會資料

見表4）。

2. 在建土地和在建工程

我們可以依據表 5 和表 6 的資料，估算長虹「在建土地

表5　利用在建土地、在建工程金額，可算出營業成本

項目	長虹天際	長虹陶都	長虹天馥	
興建模式	自地自建	自地自建	合建分屋	
預計完工年度（年）	2018	2018	2018	
在建土地（千元）	1,243,006	465,215	4,663	
在建工程（千元）	1,975,698	1,089,358	444,536	
合計（千元）	3,218,704	1,554,573	449,199	

資料來源：長虹 2017.Q3 合併財報

表6　在建建案的總銷金額為未來營業收入

項目	長虹天際	長虹陶都	長虹天馥	
基地位置	新北市林口區	新北市鶯歌區	新北市三重區	
基地面積（坪）	1,870.0	1,775.0	543.2	
2017.09.30 工程進度（%）	興建中	興建中	興建中	
	65	70	80	
銷售率（%）	63	36	擇期公開	
總銷金額（千元）	8,000,000	3,000,000	800,000	
已銷售金額（千元）	5,040,000	1,074,510	—	

註：資料統計時間為 2017.12.26；由於尚未完工的建案，認列年度收入皆為 0 元，故不放入表中

——長虹（5534）2017年Q3「在建房地」存貨明細表

長虹天蔚	內湖潭美	交響苑	明日綻	長虹新世代
自地自建	合建分屋	合建分屋	合建分屋	自地自建
2018	2019	2019	2020	2020
761,102	1,881	557,213	667,410	1,495,251
335,759	162,372	91,100	1,649	402,497
1,096,861	164,253	648,313	669,059	1,897,748

——長虹（5534）2017年「開發興建個案概況表」

長虹天蔚	內湖潭美	交響苑	明日綻	長虹新世代
台北市 三合街	台北市 潭美街	新北市 林口區	台北市 中山北路二段	台北市 新湖一路
392.0	3,297.0	1,081.8	388.7	1,271.4
興建中	興建中	申請建照	興建中	興建中
90	5	0	2	2
21	擇期公開	擇期公開	40	擇期公開
1,700,000	4,000,000	2,200,000	1,400,000	4,200,000
363,240	–	–	560,000	–

資料來源：長虹 2017 年法説會資料

和在建工程」建案的獲利。以「長虹天際」建案為例，計算步驟如下：

①**營業收入＝總銷金額**：從表 6 可知，截至 2017 年 9 月，「長虹天際」建案的總銷金額為 80 億元。

②**營業成本＝在建工程 ÷ 工程進度＋在建土地**：再根據表 5 的財報資料顯示，在建土地為 12 億 4,300 萬 6,000 元，在建工程為 19 億 7,569 萬 8,000 元。

依據法說會資料，「長虹天際」的工程進度為 65%，因此可以推算出完工時建築物總成本為 30 億 3,953 萬 5,000 元（＝ 19 億 7,569 萬 8,000÷65%）。將在建土地加上完工時建築物總成本可算出建案總成本為 42 億 8,254 萬 1,000 元（＝ 12 億 4,300 萬 6,000 ＋ 30 億 3,953 萬 5,000）。

③**營業毛利＝營業收入－營業成本**：將總銷金額扣除建案總成本，可以算出營業毛利為 37 億 1,745 萬 9,000 元（＝ 80 億－ 42 億 8,254 萬 1,000）。

④**營業費用＝營業收入 × 平均營業費用率 5%**：營業費用率以總銷金額的 5% 概估，可算出營業費用為 4 億元（＝80 億 ×5%）。

⑤**營業淨利＝營業毛利－營業費用**：將營業毛利扣除營業費用，可以算出營業淨利金額為 33 億 1,745 萬 9,000 元（＝ 37 億 1,745 萬 9,000 － 4 億）。

⑥**所得稅費用＝營業淨利 × 所得稅稅率 10%**：由於土地部分不需要交所得稅，所得稅稅率以營業淨利金額的 10% 概估，約 3 億 3,174 萬 6,000 元（＝ 33 億 1,745 萬 9,000×10%）。

⑦**稅後淨利＝營業淨利－所得稅費用**：將營業淨利扣除所得稅費用，可以算出稅後淨利金額為 29 億 8,571 萬 3,000 元（＝ 33 億 1,745 萬 9,000 － 3 億 3,174 萬 6,000）。

⑧**EPS ＝稅後淨利 ÷ 股數**：最後，再將稅後淨利金額除以股數 2 億 9,000 萬股，可以算出 EPS 為 10.3 元（＝

表7 長虹天際建案預估可貢獻EPS 10.3元

項目	長虹天際	長虹陶都	長虹天馥	
營業收入（千元）	8,000,000	3,000,000	800,000	
營業成本（千元）	4,282,541	2,021,441	560,333	
營業毛利（千元）	3,717,459	978,559	239,667	
營業費用（千元）	400,000	150,000	40,000	
營業淨利（千元）	3,317,459	828,559	199,667	
所得稅費用（千元）	331,746	82,856	19,967	
稅後淨利（千元）	2,985,713	745,703	179,700	
EPS（元）	10.30	2.57	0.62	

註：1. 千元以下採四捨五入計算；2. 平均營業費用率以 5% 計算；3. 所得稅稅率以 10% 計算；4. 股數為 2 億 9,000 萬股；5.「交響苑」建案的工程進度為 0%，無法計算完工時全部建築成本，以 N/A 表示；6.「長虹新世代」建案的毛利金

29 億 8,571 萬 3,000÷2 億 9,000 萬）。

　　其餘建案依據相同的邏輯，可以算出 EPS（詳見表 7）。然而，依據法說會的資訊，「交響苑」建案的工程進度為 0%，無法計算完工時全部建築成本。「長虹新世代」建案的工程進度為 2%，依照比率計算，毛利金額為 -174 億 2,010 萬 1,000 元，明顯不合理。由於工程進度涉及人為估計，且與請款進度會有差異，因此必須進行人工判讀

──長虹（5534）「在建房地」建案預估獲利計算表

長虹天蔚	內湖潭美	交響苑	明日綻	長虹新世代
1,700,000	4,000,000	2,200,000	1,400,000	4,200,000
1,134,168	3,249,321	N/A	749,860	21,620,101
565,832	750,679	N/A	650,140	-17,420,101
85,000	200,000	N/A	70,000	N/A
480,832	550,679	N/A	580,140	N/A
48,083	55,068	N/A	58,014	N/A
432,749	495,611	N/A	522,126	N/A
1.49	1.71	N/A	1.80	N/A

額為 -174 億 2,010 萬 1,000 元，明顯不合理，故將之剔除，剩餘部分以 N/A 表示

資料來源：長虹 2017.Q3 季報、長虹 2017 年法說會資料

來調整。

　　依據建案坐落位置，以及土地的購買成本來推估，「交響苑」建案與「長虹新世代」建案的毛利率大概在 30% 左右。若以 30% 計算，「交響苑」建案的總銷 EPS 約 1.55 元，「長虹新世代」建案的總銷 EPS 約 2.95 元。

　　而「內湖潭美」建案，依照工程進度 5% 估計，毛利率

有 19%（＝ 7 億 5,067 萬 9,000÷40 億 ×100%），
稍微偏低。若工程進度改以 6% 計算，毛利率將上升為
32%（完工時建案總成本為 27 億 808 萬 1,000 元，
營業毛利為 12 億 9,291 萬 9,000 元，可得出毛利率為
32%），和整體建案的平均值接近，總銷 EPS 將上升為
3.39 元（營業費用為 2 億元，營業淨利為 10 億 9,191
萬 9,000 元，所得稅費用 1 億 919 萬 2,000 元，稅後
淨利 9 億 8,272 萬 7,000 元，用稅後淨利除以總股數 2
億 9,000 萬股，可得出 EPS 為 3.39 元）。

3. 儲備建案

最後，可以將剩下的建案列入「儲備建案」（詳見表 8），
並計算出預估獲利（詳見表 9，計算公式詳見表 9 註）。

4. 其他建案

此外，2017 年法說會「開發興建個案概況表」中，尚
有「中信行政大樓」、「忠泰長虹明日博」和「長虹新時
代廣場」3 個建案未列入其中，茲分別說明如下：

①**中信行政大樓**：由於「中信行政大樓」建案是由中信

金（2891）買下整棟大樓，中信金可要求長虹建設變更設計，符合「客製化」的要件，依照會計準則，應採「完工比例法」認列。採「完工比例法」的精神，就是房子完工一部分，就立刻移轉控制權給客戶。

雖然 2017 年「中信行政大樓」建案尚未完工，但長虹已將控制權移轉給中信金，此建案屬於中信金的，不屬於長虹的，故表 5 的「在建土地及在建工程」存貨明細表，並無「中信行政大樓」建案的金額。

由法説會的資料可以看出，雖然「中信行政大樓」尚未完工，但已認列部分營收 22 億 8,992 萬 1,000 元，尚未認列的營收為 11 億 207 萬 9,000 元（＝ 33 億 9,200 萬－ 22 億 8,992 萬 1,000）。以30%的稅後淨利率計算，可算出稅後淨利為 3 億 3,062 萬 4,000 元（＝ 11 億 207 萬 9,000×30%），再除以流通在外股數 2 億 9,000 萬股，可算出 EPS 約 1.14 元（＝ 3 億 3,062 萬 4,000÷2 億 9,000 萬）。

②**忠泰長虹明日博**：由於「忠泰長虹明日博」建案所有

表8 儲備建案的總銷金額為未來營業收入

項目	帝寶	新莊思源住商	
基地位置	台北市建國北路二段	新北市新莊區	
基地面積（坪）	556.0	1,507.6	
興建方式	合建分屋	合建分屋	
預計結案年度（年）	2020	2021	
2017.09.30工程進度（%）	變更建照	規畫中	
	0	0	
銷售率（%）	擇期公開	擇期公開	
總銷金額（千元）	2,000,000	4,000,000	
已銷售金額（千元）	0	0	

註：1. 資料統計時間為 2017.12.26；2. 由於尚未開工的建案，認列年度收入皆為
　　0 元，故不放入表中

表9 儲備建案的預估營業毛利為總銷金額的30%

項目	帝寶	新莊思源住商	
營業收入（千元）	2,000,000	4,000,000	
營業毛利（千元）	600,000	1,200,000	
營業費用（千元）	100,000	200,000	
營業淨利（千元）	500,000	1,000,000	
所得稅費用（千元）	50,000	100,000	
稅後淨利（千元）	450,000	900,000	
EPS（元）	1.55	3.10	

註：1. 千元以下採四捨五入計算；2. 營業收入＝總銷金額；3. 營業毛利＝總銷金額
　　×30%；4. 營業費用＝總銷金額 × 平均營業費用率5%；5. 營業淨利＝營業毛利－
　　營業費用；6. 所得稅費用＝營業淨利 × 所得稅稅率10%；7. 稅後淨利＝營業淨利－

——長虹（5534）2017年「開發興建個案概況表」

虹欣永吉路住宅	松德都更案	龜山住商	長虹康定路都更案
近台北市後山埤站	台北市松德路	桃園市龜山區	台北市康定路
1,945.0	618.6	6,274.2	461.6
都市更新	都市更新	自地自建	都市更新
2021	2022	2022	2022
申請建照	幹事會修正通過	重劃中	都更處審查中
0	0	0	0
擇期公開	擇期公開	擇期公開	擇期公開
4,540,000	2,000,000	9,000,000	2,400,000
0	0	0	0

資料來源：長虹 2017 年法說會資料

——長虹（5534）「儲備建案」預估獲利計算表

虹欣永吉路住宅	松德都更案	龜山住商	長虹康定路都更案
4,540,000	2,000,000	9,000,000	2,400,000
1,362,000	600,000	2,700,000	720,000
227,000	100,000	450,000	120,000
1,135,000	500,000	2,250,000	600,000
113,500	50,000	225,000	60,000
1,021,500	450,000	2,025,000	540,000
3.52	1.55	6.98	1.86

所得稅費用；8.EPS ＝稅後淨利 ÷ 股數 2 億 9,000 萬股
資料來源：長虹 2017 年法說會資料

權屬於忠泰長虹建設，為長虹持股 40% 的關係企業。此建案已認列部分營收 43 億 5,727 萬 4,000 元，尚未認列的營收有 15 億 4,272 萬 6,000 元（59 億－43 億 5,727 萬 4,000），以 25% 的稅後淨利率計算，可算出稅後淨利為 3 億 8,568 萬 2,000 元（＝15 億 4,272 萬 6,000×25%），依持股比率認列 40%，為 1 億 5,427 萬 3,000 元（＝3 億 8,568 萬 2,000×40%），再除以流通在外股數 2 億 9,000 萬股，可算出 EPS 約為 0.53 元（＝1 億 5,427 萬 3,000÷2 億 9,000 萬）。

　　③**長虹新時代廣場**：只租不售，每年幫長虹創造穩定的租金收入，故未列入表中。我們可以從長虹 2017 年第 3 季合併財報附註六（十四）中的「租金收入」看出，2017 年前 3 季的數字為 1 億 6,156 萬 8,000 元，進而推估全年的租金收入為 2 億 1,542 萬 4,000 元（＝1 億 6,156 萬 8,000÷3×4）。稅率以 20% 計算，可算出稅後淨利為 1 億 7,233 萬 9,000 元（＝2 億 1,542 萬 4,000×（1－20%）），再除以股數 2 億 9,000 萬股，可以算出每年的 EPS 貢獻約 0.59 元（＝1 億 7,233 萬 9,000÷2 億 9,000 萬）。

表10 **長虹建案2020年可認列EPS 6.3元**
——長虹（5534）建案EPS認列時程表

建案名稱	餘屋	2018	2019	2020	2021	2022
世紀長虹	0.23	—	—	—	—	—
長虹天璽	10.55	—	—	—	—	—
長虹天薈	0.70	—	—	—	—	—
長虹新世紀	7.15	—	—	—	—	—
長虹天際	—	10.30	—	—	—	—
長虹陶都	—	2.57	—	—	—	—
長虹天馥	—	0.62	—	—	—	—
長虹天蔚	—	1.49	—	—	—	—
內湖潭美	—	—	3.39	—	—	—
交響苑	—	—	1.55	—	—	—
明日綻	—	—	—	1.80	—	—
長虹新世代	—	—	—	2.95	—	—
帝璽	—	—	—	1.55	—	—
新莊思源住商	—	—	—	—	3.10	—
虹欣永吉路住宅	—	—	—	—	3.52	—
松德都更案	—	—	—	—	—	1.55
龜山住商	—	—	—	—	—	6.98
長虹康定路都更案	—	—	—	—	—	1.86
中信行政大樓	1.14	—	—	—	—	—
忠泰長虹明日博	0.53	—	—	—	—	—
合計	20.30	14.98	4.94	6.30	6.62	10.39

註：單位為元

　　至此,已將長虹各建案估算完畢。由於長虹 2017 年 9 月底的每股淨值為 42.81 元,若長虹手上的建案全部完銷,各建案的 EPS 將於完工年度認列。依據法說會資料與自行估計的各建案獲利表,可以完成表 10 的各建案獲利認列時程表。

步驟 3》以每股淨值＋未來每股獲利折現值估價

　　依據 1-6 的現金股利折現模型,可將未來的獲利以 15% 的折現率,換算成目前的價值。由於長虹新時代廣場的租金收入是每年創造現金流入,應使用無窮等比級數計算:

$$P = \frac{0.59}{(1+15\%)^1} + \frac{0.59}{(1+15\%)^2} + \cdots\cdots + \frac{0.59}{(1+15\%)^n}$$

$$= \frac{\dfrac{0.59}{1+15\%}}{1 - \dfrac{1}{1+15\%}} = \frac{0.59}{15\%}$$

　　最後,將表 10 估算各年度的獲利折現加上租金收入,便可推算出長虹的合理股價為 96.91 元。

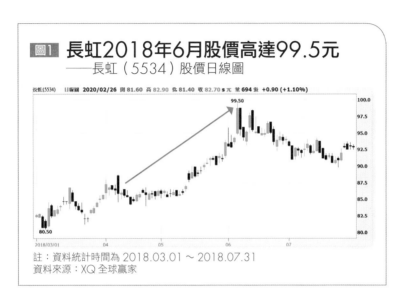

圖1 **長虹2018年6月股價高達99.5元**
——長虹（5534）股價日線圖

註：資料統計時間為 2018.03.01 ～ 2018.07.31
資料來源：XQ 全球贏家

$$P=42.81+20.3+\frac{14.98}{(1+15\%)^1}+\frac{4.94}{(1+15\%)^2}+\frac{6.3}{(1+15\%)^3}$$

$$+\frac{6.62}{(1+15\%)^4}+\frac{10.39}{(1+15\%)^5}+\frac{0.59}{15\%}$$

$$P=42.81+20.3+13.03+3.74+4.14+3.79+5.17+3.93=96.91$$

由於長虹具有 96.91 元的價值，因此我於 2018 年 3

月 17 日在臉書上分享，長虹的目標價為 100 元。當初設定目標價為 100 元的原因，就是抓一個整數。但這樣的假設，是在所有建案都完銷的前提下，如果之後有建案滯銷，降價求售，獲利可能就會低於預期。

　分享長虹的資訊後，股價曾於 2018 年 6 月 6 日到達最高點 99.50 元（詳見圖 1），雖然沒有達到目標價 100 元，但也超過依現金股利折現模型算出的價值 96.91 元。

2-3 坤悅（5206）》 擇優承作建案　獲利高於同業

　　坤悅（5206）的前身是「經緯科技股份有限公司」，後來被台中知名建商聚合發建設公司（簡稱聚合發）的大股東借殼上市，於 2011 年 6 月更名為「坤悅開發股份有限公司」，故而坤悅 2011 年以前的財報可以不用看。

　　目前坤悅的推案地區仍以大台中地區為主，但由於公司資本額較小，只有 14 億 8,500 萬元，故而推案量不多。也因為公司規模小，資金有限，故經營上較保守，建案上多屬於擇優承作。換句話說，在進行資本預算時，坤悅只選擇報酬率較高的少數建案，其餘全部放棄。因此坤悅的建案都賣得不錯，獲利也略高於同業平均。

　　我是在 2019 年 2 月 14 日開始關注坤悅，去電詢問公

司發言人後得知，坤悦以「靈活調配產品策略」的理念來面對外在環境，也就是調控推案量及現有土地庫存量，以「不囤積、積極去化（房地產術語，指銷售）餘屋」為主要經營原則；採取有效率且合乎市場需求的推案方式，持續進行新建案的推出與去化。

　　上網對坤悦進行了解以後發現，該公司並無負面消息，但由於坤悦的高層人員多由聚合發的高層人員擔任，所以我也針對聚合發做了一番調查。若認真搜尋聚合發的相關新聞，會發現該公司在 2016 年年底有一則負面新聞，為公司高層人員涉及 15 億元逃漏稅爭議。但深入了解以後發現，其實這是聚合發董事長為了規避稅負，所採用的一種避稅手段而已。

　　就實務而言，節稅、避稅和逃稅之間其實很難拿捏。而基於「實質重於形式」原則，聚合發也被要求補稅。目前整起事件已經完全落幕，建案也都正常過戶，買賣土地也都正常，並未影響到公司的正常營運。且利用「合建分售」來規避稅負，是建商不能公開的祕密，並未構成重大道德瑕疵，因此這一則負面新聞不影響我個人的買進決策。

　　或許是受到逃漏稅爭議的影響，坤悅 2018 年之前的股價被低估。但 2016 年年底，坤悅在公開資訊觀測站上表示，「本公司係屬上櫃公司，一切營運及財務情形均可公開查閱，並無任何不法情事」。坤悅高層雖因聯合發逃漏稅爭議被起訴，但不至於影響坤悅的營運，且坤悅自 2017 年 6 月起，已由聯合發第二代陳丕岳接班，擔任董事長兼任總經理。

　　換個角度思考，之前坤悅有許多高階主管因為聯合發弊案被起訴，他們這陣子一定比平常還安分守己，再出事的機率不高。若因逃漏稅的因素導致坤悅的股價被低估，反而是進場撿便宜的機會。

步驟 1》以營建股投資策略評分模型檢視基本面

　　就財務方面來看，從坤悅 2018 年第 3 季財報中可以得知，坤悅資產總額共 54 億 7,715 萬元，其中 11 億 11 萬元 1,000 元為現金及約當現金，41 億 9,721 萬 5,000 元為存貨。其中，存貨部分如果拉到附註六（三）來看可以發現，待售房地（即餘屋）的金額僅 2,464 萬 1,000 元，

其餘多為在建房地，共 40 億 8,513 萬 3,000 元，待完工後就可以出售（詳見表 1）。

由於坤悅的目標客戶以首購族為主，開發建案時慎選個案所在之區段，以交通便捷及貼近市場需求為優先考量。加上建案品質佳，售價貼近市場行情，常常建案一推出就銷售一空，帳上存貨多為預售屋待售，滯銷建案趨近於零。

資金來源的部分，從資產負債表和附註六（六）可看出，4 成多來自短期借款，利率 2.2% ～ 2.7%；4 成多來自股東權益；剩餘 1 成多來自其他流動負債和非流動負債。合約負債帳列 3 億 9,303 萬 8,000 元，為預售屋的定金。

再觀察坤悅 2017 年年報的資料，從「酬金級距表」可以發現，坤悅所有的董事、監察人與高階主管（包含總經理、資訊事業處總經理和副總經理），年薪都低於 200 萬元，有夠節儉。公司的內部人沒有肥貓，個個骨瘦如柴。

此外，坤悅也是找非四大的建智聯合會計師事務所，從「會計師公費資訊」可以看出，坤悅支付給會計師的公費

表1　坤悅存貨以在建房地為主
——坤悅（5206）2018年Q3存貨細目

項目	2018.09.30金額（千元）
待售房地	24,641
在建房地	4,085,133
營建用地	64,567
預付土地款	29,114
減：備抵跌價損失	-6,240
合計	4,197,215

資料來源：坤悅 2018.Q3 合併財報

（含審計公費與非審計公費），1 年還不到 150 萬元，成本控管能力佳。上述這些資訊都顯示，坤悅將賺到的錢留給股東，非常令人感動。

　　預售屋部分，依據坤悅 2018 年第 3 季合併財報附註九（二）「未認列之合約承諾」的資訊，坤悅已簽約金額共 23 億 7,173 萬元，待建案完工後，將直接入帳。

　　此外，2012 年至 2018 年，坤悅毛利率位於 18.7% ～ 34.13%，且多數介於 25% ～ 30%（詳見圖 1）。坤悅表

示，目前（2019 年 2 月）土地價格居高不下，存貨成本較高，但也會反映在售價上。因此可推論得知，坤悅會優先承作毛利率 30% 以上的建案，若仍有多餘資金，才會考慮毛利率 30% 以下的建案。

　　至於坤悅的股利政策，我在 2019 年 2 月與發言人討論之後，由於坤悅未來仍有購地需求，業績穩定成長，現金股利分配率不會太高，但股利發放會以現金股利為主，不會發放股票股利。以坤悅股數 1 億 4,800 萬股來看，若每股發放 1 元的現金股利，則公司需要準備 1 億 4,800 萬元（＝1×1 億 4,800 萬）的現金。以坤悅 2018 年第 3 季財報帳上的現金及約當現金 11 億 11 萬 1,000 元來看，公司有足夠的現金發放現金股利。但保守估計，股利發放金額介於 0.7 元到 1 元之間，董事會將於 2019 年 4 月開會決定。

　　若以「丁彥鈞營建股投資策略評分模型」來評估，坤悅於 2019 年 2 月 14 日的得分是 56 分，符合標準（詳見表 2）。且坤悅在「安全性」面向獲得 10 分的滿分，代表坤悅的建案賣得嚇嚇叫。

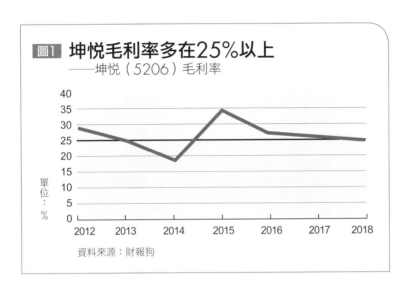

圖1 **坤悅毛利率多在25%以上**

—— 坤悅（5206）毛利率

資料來源：財報狗

步驟 2》預估建案未來每股獲利

了解坤悅的潛力之後，接著要來計算公司未來獲利。以 2019 年對坤悅獲利貢獻最多的「泰若天成」建案為例，計算此建案的未來每股獲利，千元以下採四捨五入計算。：

①**營業收入**：我們從網路上查到的新聞資訊可以知道，位於台中市北屯區的「泰若天成」建案，總銷金額約為 38 億元。

表2　坤悅的營建股投資策略總分為56分

——坤悅（5206）之丁彥鈞營建股投資策略評分模型

面向	項目	權重（分）	得分（分）	總分（分）
成長性	與建案銷售有關的合約負債	5	0	2
	與建案銷售有關的未認列合約承諾	5	0	
	與建案銷售有關的每股未認列合約承諾	10	2	
獲利性	毛利率	10	4	10
	營業淨利率	10	6	
穩定性	營業活動現金流量	5	3	16
	營業淨利	5	5	
	本期淨利	5	5	
	現金股利	5	3	
安全性	滯銷率	10	10	10
價值性	每股潛在獲利	10	4	18
	股價淨值比	20	14	
合計				56

註：資料統計時間為 2019.02.14；得分標準詳見 2-1

　　除了新聞資訊以外，投資人也可以從 591 房屋交易網的網站得知，「泰若天成」建案的每坪售價位於 31 萬元到 36 萬元之間。實際賞屋後，確認售價的確位於此區間。一般來說，低樓層的房價低，而高樓層風景好，房價高。因

圖2 **泰若天成總樓地板面積逾3萬平方公尺**
──「泰若天成」建案資訊

使用執照號碼：		108中都使字第00312號			
原領執照號碼：		103中都建字第02695號			
起造人	姓　名	坤悅開發股份有限公司負責人：陳丕岳 等如附表			
設計人	姓　名	李明哲	事務所	李明哲建築師事務所	
監造人	姓　名	李明哲	事務所	李明哲建築師事務所	
承造人	姓　名	陳丕岳	營造廠	坤聯營造股份有限公司	
基地概要	地　號	臺中市北屯區崇德段353地號 等1筆			
	地　址	臺中市北屯區松竹里24鄰河北二街36號2樓之2 等			
	使用分區	第二種商業區			
	基地面積	騎樓地	＊＊＊	其他	4035.81 ㎡
		退縮地	＊＊＊	合計	4035.81 ㎡
	層棟戶數	地上25層 地下4層 1幢 1棟 187戶		法定空地面積	1210.74 ㎡
	設計建蔽率	47.53 %		總樓地板面積	37428.39 ㎡
	設計容積率	348.8 %		建物高度	89.6 m
	建造類別	新建		構造種類	鋼筋混凝土造
	建築面積	騎樓面積	＊＊＊	其他	37428.39 ㎡

資料來源：台中市建築執照存根查詢系統

此若要簡化計算，可以抓平均數。在詢問過附近的房仲以後，我依照專業判斷，估計可以每坪售價 32 萬元計算。

另外，從「台中市建築執照存根查詢系統」可得知，「泰若天成」建案的總樓地板面積為 3 萬 7,428.39 平方公尺（詳見圖 2）。由於 1 平方公尺等於 0.3025 坪，故而該建案的總樓地板面積可以換算成 1 萬 1,322 坪（＝ 3 萬 7,428.39×0.3025，小數點以下四捨五入）。然而該總

樓地板面積雖有包括停車場，但不包括陽台，陽台約占總樓地板面積的 7%，約 793 坪（＝ 1 萬 1,322×7%，小數點以下四捨五入）。

從前述資訊可以算出，「泰若天成」建案包含陽台的總樓地板面積約為 1 萬 2,115 坪（＝ 1 萬 1,322 ＋ 793），再將該數字乘以每坪售價 32 萬元，可以算出「泰若天成」建案的總銷金額約 38 億 7,680 萬元（＝ 32 萬 ×1 萬 2,115），和新聞報導的資訊吻合。為了方便計算，我們直接以整數 38 億元去計算即可。

不過，由於「泰若天成」建案為坤悦和前董事長陳世坤的合建分售案，且依據坤悦 2014 年 11 月 10 日在公開資訊觀測站的公告可知，土地占房地銷售總價的 48%，房屋占房地銷售總價的 52%（詳見圖 3），故坤悦僅分到總銷金額的 82.2%，也就是 31 億 2,360 萬元（＝ 38 億 ×82.2%）。

②**營業成本**：從圖 3 的公開資訊觀測站公告中，還可以看出坤悦須投入「泰若天成」建案的成本為 20 億 6,025

圖3　**坤悦須投入20億元以上至泰若天成建案**
——「泰若天成」建案資訊

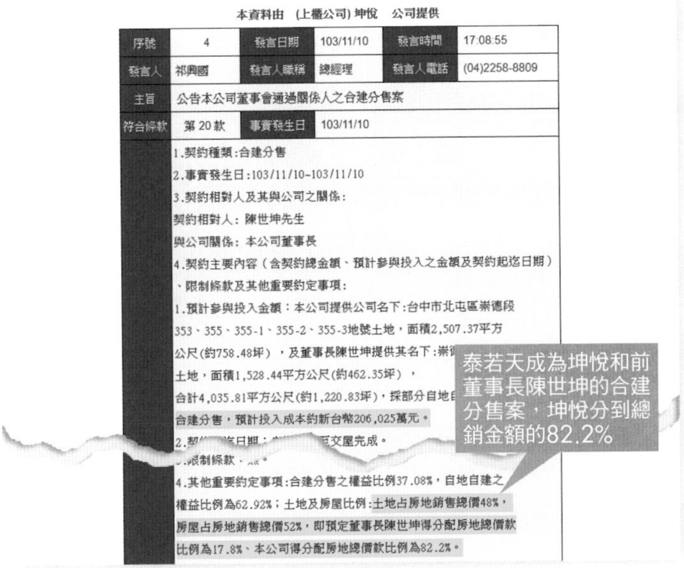

本資料由 (上櫃公司) 坤悦　公司提供

序號	4	發言日期	103/11/10	發言時間	17:08:55
發言人	祁與國	發言人職稱	總經理	發言人電話	(04)2258-8809
主旨	公告本公司董事會通過關係人之合建分售案				
符合條款	第 20 款	事實發生日	103/11/10		

1.契約種類：合建分售

2.事實發生日：103/11/10～103/11/10

3.契約相對人及其與公司之關係：

契約相對人：陳世坤先生

與公司關係：本公司董事長

4.契約主要內容（含契約總金額、預計參與投入之金額及契約起迄日期）、限制條款及其他重要約定事項：

1.預計參與投入金額：本公司提供公司名下：台中市北屯區崇德段353、355、355-1、355-2、355-3地號土地，面積2,507.37平方公尺（約758.48坪），及董事長陳世坤提供其名下：崇德段　　　地，面積1,528.44平方公尺（約462.35坪），

合計4,035.81平方公尺（約1,220.83坪），採部分自建之合建分售，預計投入成本為新台幣206,025萬元。

2.契　　　日期：　　至交屋完成。

3.限制條款：　　。

4.其他重要約定事項：合建分售之權益比例37.08%，自地自建之權益比例為62.92%；土地及房屋比例：土地占房地銷售總價48%，房屋占房地銷售總價52%，即預定董事長陳世坤得分配房地總價款比例為17.8%，本公司得分配房地總價款比例為82.2%。

> 泰若天成為坤悦和前董事長陳世坤的合建分售案，坤悦分到總銷金額的82.2%

資料來源：公開資訊觀測站

萬元。

　　③營業毛利：將營業收入 31 億 2,360 萬元扣除成本 20 億 6,025 萬元，可算出營業毛利約為 10 億 6,335 萬

元（＝31億2,360萬－20億6,025萬）。將營業毛利除以總銷金額，可以算出毛利率為34%（＝10億6,335萬÷31億2,360萬×100%）。

④**營業費用**：估計為總銷金額的10%，約3億1,236萬元（＝31億2,360萬×10%）。

⑤**營業淨利**：將營業毛利扣除營業費用，可算出營業淨利約7億5,099萬元（＝10億6,335萬－3億1,236萬）。

⑥**所得稅費用**：由於土地增值稅較低，因此稅率估為10%，可算出所得稅費用為7,509萬9,000元（＝7億5,099萬×10%）。

⑦**稅後淨利**：將營業淨利扣除所得稅費用，可以算出稅後淨利約為6億7,589萬1,000元（＝7億5,099萬－7,509萬9,000）。

⑧**每股盈餘（EPS）**：再將稅後淨利除以股數1億4,850

萬股,可算出「泰若天成」建案若全部完銷,約可貢獻
EPS 4.55 元(=6 億 7,589 萬 1,000÷1 億 4,850 萬)。

依據前述算法,以及 591 房屋交易網的網站、坤悦公司
網站及坤悦 2018 年第 3 季的財報等資訊,可以估計坤悦
未來 3 年(2019 年~ 2021 年)的 EPS 如表 3。

依據坤悦 2018 年第 3 季財報資訊,截至 2018 年 9 月
底,預售屋已簽約金額共 23 億 7,173 萬元。再來看依據
表 3 估計的各建案銷售比率,已簽約金額為 23 億 9,326
萬元,兩者數據差異不大,估計應屬合理。

步驟 3》以每股淨值＋未來每股獲利折現值估價

坤悦 2018 年 9 月底的每股帳面價值為 15.63 元。EPS
貢獻部分:

2018 年第 4 季有「迎透天」建案完工入帳,貢獻 EPS
0.67 元。2019 年 2 月「迎勝」建案已接近完銷,估計將
貢獻 EPS 0.76 元;「華泰金店」建案總共 5 戶,當時預

表3　泰若天成建案可貢獻EPS 4.55元

建案	迎透天	迎勝	泰若天成
地區	台中市太平區	台中市潭子區	台中市北屯區
預計完工年份（年）	2018	2019	2019
2018.09已售比率（％）	100	60	35
2018.09已銷金額（千元）	550,000	420,000	1,093,260
總銷金額（千元）	550,000	700,000	3,123,600
建案總成本（千元）	385,000	504,000	2,060,250
估計建案毛利（千元）	165,000	196,000	1,063,350
毛利率（％）	30	28	34
營業費用（千元）	55,000	70,000	312,360
營業淨利（千元）	110,000	126,000	750,990
所得稅費用（千元）	11,000	12,600	75,099
稅後淨利（千元）	99,000	113,400	675,891
EPS（元）	0.67	0.76	4.55

註：1. 依完工年份排序；2. 千元以下採四捨五入計算；3. 營業費用率及所得稅率以
　　10％ 估計；4. 股數以 1 億 4 萬 8,500 股計算；5. 由於泰若天成為合建分售案，

計將於 2019 年全數售出，可以貢獻 EPS 0.23 元；「泰
若天成」建案於 2019 年 2 月已售出 5 成，總銷 EPS 4.55
元，2019 年可以認列一半，約 2.27 元（＝ 4.55×50％，
為了保守估計，採無條件捨去法）。3 個建案合計貢獻

———坤悅（5206）建案預估獲利計算表

華泰金店	爾雅	迎新墅（學藝段）	坤悅JIA（日新段）
台中市潭子區	台中市大雅區	台中市大里區	台中市大里區
2019	2020	2020	2021
0	55	0	0
0	330,000	0	0
125,000	600,000	800,000	900,000
75,000	450,000	560,000	675,000
50,000	150,000	240,000	225,000
40	25	30	25
12,500	60,000	80,000	90,000
37,500	90,000	160,000	135,000
3,750	9,000	16,000	13,500
33,750	81,000	144,000	121,500
0.23	0.55	0.97	0.82

坤悅分到總銷金額 38 億元的 82.2%
資料來源：591 房屋交易網、坤悅公司網站及坤悅 2018.Q3 的財報資訊

2019 年 EPS 3.26 元（＝ 0.76 ＋ 0.23 ＋ 2.27）。

「爾雅」建案總銷 EPS 0.55 元，2019 年 2 月已售 6 成，可於 2020 年貢獻 EPS 0.33 元（＝ 0.55×60%）。

使用現金流量折現模型估算，可算出坤悅的價值有 19.38 元，計算式如下：

$$P=15.63+0.67+\frac{3.26}{(1+15\%)^1}+\frac{0.33}{(1+15\%)^2}$$

$$P=15.63+0.67+2.83+0.25=19.38$$

若坤悅在表 3 列出的建案全部完銷，在最樂觀的情況下，2018 年第 4 季、2019 年、2020 年、2021 年，每股分別可以賺 0.67 元、5.54 元、1.52 元、0.82 元（詳見表 4）。

使用現金流量折現模型，坤悅的價值有 22.81 元，計算式如下：

$$P=15.63+0.67+\frac{5.54}{(1+15\%)^1}+\frac{1.52}{(1+15\%)^2}+\frac{0.82}{(1+15\%)^3}$$

$$P=15.63+0.67+4.82+1.15+0.54=22.81$$

表4 坤悦建案2020年可認列EPS 1.52元
——坤悦（5206）建案EPS認列時程表

建案名稱	2018.Q4	2019	2020	2021
迎透天	0.67	—	—	—
迎勝	—	0.76	—	—
泰若天成	—	4.55	—	—
華泰金店	—	0.23	—	—
爾雅	—	—	0.55	—
迎新墅（學藝段）	—	—	0.97	—
坤悦JIA（日新段）	—	—	—	0.82
合計	0.67	5.54	1.52	0.82

註：1. 單位為元；2. 以建案完銷的情況下估算

　　若坤悦在手的建案，全部都在建案完工當年度完銷，則坤悦的每股價值有22.81元。若銷售的時間遞延，折現的期間多了1年，用模型算出來的價值就會下降。或是價格定太高，之後降價求售，獲利金額下降，坤悦的每股理論價值也會下降。

　　原則上，坤悦的每股價值會介於19.38元到22.81元之間，因此當時我設定坤悦的目標價是20元。若建案賣

得不錯，再考慮調高目標價至 22.81 元。

　　在我分享坤悅時（2019 年 2 月 14 日），股價僅 14.3 元，明顯低於其價值，因此我就大膽買進，並持續追蹤建案的銷售狀況。同一期間，我還看了三發地產（9946，詳見 2-4）的「匯世界」建案，發現兩者有很大的差別。三發地產的銷售員在我看完房屋之後，一通電話都沒打給我，但坤悅的銷售員卻照三餐問候我，拜託我簽約。

　　依據資訊經濟學中的逆選擇原理，應該是「匯世界」建案賣得非常好，業務員忙得不可開交，所以沒打電話給我。而「泰若天成」建案的業務員，應該是業績很普通，沒有客人預約看屋，所以頻繁打電話給我。站在投資人的角度，當然是續抱三發地產的股票，賣出坤悅的股票。所以當坤悅的股價一到達目標價 20 元（2019 年 6 月 3 日）時，我就立刻將手中持股全部賣出了。

　　以 2019 年 2 月 14 日的收盤價 14.3 元買進坤悅，並持有至 2019 年 6 月 3 日，以目標價 20 元賣出來看，總共持有 109 天，報酬率 40%（＝（20÷14.3 －

圖4　坤悅2019年6月股價攀至20元
——坤悅（5206）股價日線圖

註：資料統計時間為 2019.02.11 ～ 2019.06.28
資料來源：XQ 全球贏家

1）×100%），年化報酬率 208%（＝（40%＋1）^
（365÷109）－1，詳見圖4）。

　　由於建設公司的獲利波動較大，具有景氣循環股的特性。
當大型建案「泰若天成」完工交屋，認列營收與獲利後，
坤悅的營收與獲利就會衰退。當市場上對未來沒有期待，
即使股價不跌，也很難大漲。若是建案滯銷，建設公司可
能降價求售，利潤就會比當初預估的低。所以我就選擇賣
出，買進下一家股價被低估的營建股。

2-4 三發地產（9946）》 預售屋銷售率及售價上揚

　　三發地產（9946）成立於 1993 年，前身為「金革科技股份有限公司」，原本是一家影音媒體唱片公司。2008 年，金革科技被高雄仁發建設借殼上市，董事長鍾俊榮將事業版圖擴大至營建業，主要營業項目為住宅及大樓開發租售業、不動產租賃業及各種音樂、影視及資訊軟體之製作、代理及進出口買賣。

　　2011 年，金革科技將影音事業完全分割至子公司金革國際唱片股份有限公司，之後又於 2012 年 7 月正式更名為「三發地產股份有限公司」，核心發展不動產相關事業。三發地產建案基地遍及台北北投區及新北市鶯歌、林口、新莊區，以及高雄市的鳳山、前鎮、苓雅區、台南市的永康區等。

步驟 1》以營建股投資策略評分模型檢視基本面

我是在 2019 年 3 月 29 日關注到三發地產,從圖 1 可
以看出,三發地產在 2018 年的「合約負債」金額步步高
升,「未認列合約承諾」金額也是逐期上升,代表預售屋
賣得非常好。

若以「丁彥鈞營建股投資策略評分模型」來評估,三發
地產於 2019 年 3 月 29 日的得分是 50 分(詳見表 1),
符合標準。

步驟 2》預估建案未來每股獲利

由於三發地產的「匯世界」建案為 2019 年的重點大案,
故而只要掌握「匯世界」建案,就能概估三發地產的未來
每股獲利。

「匯世界」建案位於台南市永康區東橋七路 357 號,共
5 棟。每一棟都是地上 18 層,地下 3 層。其中共有 572
戶住家,10 戶店面,642 個停車位。格局包含二房(23 ~

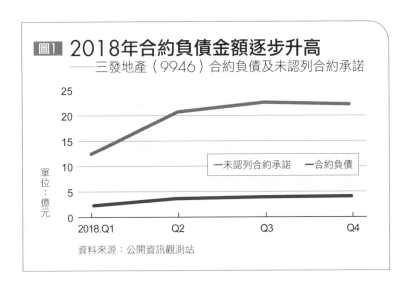

圖1 **2018年合約負債金額逐步升高**
——三發地產（9946）合約負債及未認列合約承諾

單位：億元

資料來源：公開資訊觀測站

27 坪）、三房（41 ～ 45 坪）、四房（50 坪）。

　　我在 2019 年 4 月 27 日實際去看過「匯世界」建案，該建案附近有中華商圈、奇美醫院商圈、復國商圈、家樂福商圈、國賓－南紡商圈，共五大商圈眾星拱月。

　　除此之外，「匯世界」建案是 5,000 坪公園首排，也鄰近 5 萬坪的中央公園，附近還有台南市立圖書館總館、永康創意園區、45 米寬的康橋大道等，森林、書海、文創、

表1 三發地產的營建股投資策略總分為50分
——三發地產（9946）之丁彥鈞營建股投資策略評分模型

面向	項目	權重（分）	得分（分）	總分（分）
成長性	與建案銷售有關的合約負債	5	5	5
	與建案銷售有關的未認列合約承諾	5	0	
	與建案銷售有關的每股未認列合約承諾	10	0	
獲利性	毛利率	10	6	12
	營業淨利率	10	6	
穩定性	營業活動現金流量	5	2	17
	營業淨利	5	5	
	本期淨利	5	5	
	現金股利	5	5	
安全性	滯銷率	10	0	0
價值性	每股潛在獲利	10	2	16
	股價淨值比	20	14	
合計				50

註：1. 資料統計時間為 2019.03.29；2. 得分標準詳見 2-1

時尚，磅礴匯聚。

「匯世界」建案附近有許多績優名校，像大橋國中小、南大附中、聖功女中、南台科大、成功大學等，市場需求高。

　至於交通方面，台鐵、輕軌、台 1 線、台 20 線、國道一號樞紐連線，中華路上有大橋火車站，未來有台鐵地下化車站、輕軌系統，加上未來 45 米寬之綠蔭大道連通中正南路（台 1 線）與中山南路（台 20 線），永康、大灣交流道連成一氣，3 分鐘直上國道不是夢。15 分鐘內可以到達台南科學園區、約 20 分鐘到高鐵站，非常方便。

　我在現場看屋看了近 2 個小時後，進入最重要的選屋階段，此時銷售人員拿出一張銷售控制表（詳見表 2）。其中畫螢光筆的部分，就是已經賣出了，客戶只能從未畫螢光筆的項目中挑選。此時銷售人員很認真在講解，但我根本沒在聽，而是專心在看表中的數字（但銷售人員說仍有議價空間，故表中數字僅能參考，應以實價登錄為準）。

　前 3 棟預售部分，每坪介於 16 萬元到 22 萬元之間，後兩棟先建後售部分，每坪則介於 21 萬元到 24 萬元之間。前 3 棟幾乎整本銷售控制表都被螢光筆畫滿，估計銷售比率逾 9 成。後兩棟也售出 4 成。當天看屋的人非常多，依照目前的銷售進度，我認為 2019 年「匯世界」建案可能會完銷。銷售狀況也可以從財報中的「未認列合約承諾」

表2 「匯世界」建案銷售比率高
——「匯世界」建案銷售控制表

樓層	房型	坪數（坪）	總價（萬元）	每坪單價（萬元／坪）
2樓	二房	26	572	22
2樓	三房	42	924	22
2樓	四房	50	1,100	22
3樓	二房	24	552	23
3樓	三房	41	943	23
3樓	四房	50	1,150	23
4樓	二房	25	525	21
4樓	三房	42	882	21
4樓	四房	50	1,050	21
5樓	二房	27	594	22
5樓	三房	42	924	22
5樓	四房	50	1,100	22

註：灰底部分已售出　資料來源：改編自三發地產銷售人員銷售紀錄簿

中再次確認，有時銷售人員會故意誇大銷況，因此最終仍
會以財報數字為準。

實地考察看房時，我喜歡詢問 4 樓（因為 4 樓的諧音是
「死」，不吉利，通常房價最便宜）和頂樓（因為風景最

好，通常房價最貴）的價格，了解每坪售價的下限和上限，來估計整個建案的平均每坪銷售金額。

先建後售的兩棟，與銷售人員過招後發現，價格最低的4樓，每坪21萬元，而風景最好的頂樓，每坪24萬元，其他大部分的樓層，每坪則在22.5萬元左右。

確定該建案的潛力之後，就開始上網做功課。一般來說，交屋過戶後，3個月內就看得到實價登錄資訊。或是當建商取得使用執照後，雖然預售屋還沒交屋，但可以先進行實價登錄。

投資人可以從「內政部不動產交易實價查詢服務網（簡稱實價登錄網站）」，得到「匯世界」建案實際成交的價格。我總共花了7個小時的時間，一筆一筆整理實價登錄，總共有200筆資料（詳見表3）。

從表3「匯世界」建案實價登錄明細表可知，可售戶數572戶中，截至2018年12月止，至少已經售出200戶，有一部分是已售出，但還沒進行實價登錄。

| 表3 | 愈晚賣出的匯世界建案，每坪房價愈高 |

——「匯世界」建案實價登錄明細表

編號	交易年月	總價（萬元）	單價（萬元/坪）	總面積（坪）	樓層/總樓層（樓）	車位價格（萬元）	不含車位單價（萬元/坪）
1	2016.07	470	16.1	29.41	5/18	90	16.11
2	2016.07	490	16.1	29.41	5/18	110	16.11
3	2016.07	800	16.3	48.86	4/18	100	16.26
4	2016.07	545	16.8	32.82	7/18	90	16.85
5	2016.07	868	17.0	49.12	6/18	120	17.01
⋮	⋮	⋮	⋮	⋮	⋮	⋮	⋮
196	2018.11	971	19.8	48.18	6/18	130	19.85
197	2018.11	670	20.0	32.82	18/18	130	20.00
198	2018.11	689	21.1	32.82	6/18	120	21.07
199	2018.12	890	18.2	48.18	9/18	120	18.18
200	2018.12	512	21.7	23.59	13/18	0	21.70

註：1. 資料整理時間為 2019.04.28；2. 第 200 筆沒買車位
資料來源：內政部不動產交易實價查詢服務網

　　從實價登錄的價格來分析，2016 年登錄的 35 間，平均售價為每坪 17.36 萬元；2017 年登錄的 47 間，平均售價為每坪 19.17 萬元；2018 年登錄的 118 間，平均售價為每坪 20.03 萬元。由此可見，「匯世界」建案不但賣得好，而且售價逐漸調高，愈晚賣出的，利潤愈高。

接著來看財報，在《國際財務報導準則（IFRS）》的架構下，強調要看整個集團的全貌，所以目前的財報以合併為主。但由於企業必須繳納營利事業所得稅，所以第 4 季的報表，除了提供合併報告外，也會提供個體報告。而個體報告屬於長式報告，後面附有明細表。以前在會計師事務所查帳時，覺得編製長式報告很煩，常常加班到天亮，但現在發現，長式報告其實提供滿多資訊的。

例如，存貨採用「成本與淨變現價值孰低法」評價。淨變現價值為售價減除所有銷售成本。從三發地產 2018 年第 4 季個體報告最後面的存貨明細表中，可以得知存貨的淨變現價值（詳見表 4）。

將表 4 的存貨明細表，搭配三發地產的年報、財報等資訊，可整理成表 5。從表 5 中可以看出，位於台南市永康橋北段的「匯世界」建案，若全部完銷，三發地產可以賺取 14 億 7,947 萬 6,000 元的利潤，以當時的股本 2 億 8,114 萬 1,000 股計算，「匯世界」建案可以貢獻每股稅前獲利 5.26 元（＝ 14 億 7,947 萬 6,000÷2 億 8,114 萬 1,000）。再加上位於高雄市前鎮區光華一小段的「三

表4 從存貨明細表可得知存貨的淨變現價值
——三發地產（9946）2018年12月31日存貨明細表

項目	摘要	金額（千元）	淨變現價值（千元）
在建房地	副都心235	985,754	1,266,728
	五塊厝段	1,080,806	2,134,138
	麗林段	632,823	828,168
	興邦段	894,529	1,403,565
	永興段	278,061	548,685
總計		3,871,973	6,181,284
待售房地	鳳鳴段	381,016	423,010
	光華一小段	1,770,157	2,454,154
	奇岩段	1,018,321	1,035,847
	橋北段	2,707,712	4,187,188
	副都心329	305,207	376,902
	灣頭段	15,180	22,527
	幸福公園3期	125,205	132,033
	清楠段	17,705	27,032
總計		6,340,503	8,658,693
營建用地	其他	3,760	3,760

註：1. 在建房地的淨變現價值是採用開發分析法，是估算開發或建築總銷售金額，扣除開發期間之直、間接成本、資本利息及推銷費用後求得；2. 待售房地和營建用地的淨變現價值則是用最近成交價加權推算
資料來源：三發地產 2018.Q4 個體財報

表5 若匯世界建案完銷，可賺取逾14億元的利潤

項目	摘要	建案名稱	地點	完工日期（年）	總銷金額（千元）	
在建房地	副都心235	三發璞緻	新北市新莊區	2020	2,000,000	
	五塊厝段	－	高雄市苓雅區	2021	5,000,000	
	麗林段	－	新北市林口區	2021	1,500,000	
	興邦段	－	高雄市前鎮區	2021	4,000,000	
	永興段	－	台南市永康區	－	1,200,000	
	小計	－	－	－	－	
待售房地	鳳鳴段	三發宏韻	新北市鶯歌區	－	1,000,000	
	光華一小段	三發晶沙	高雄市前鎮區	－	5,000,000	
	奇岩段	三發景悦	台北市北投區	－	1,700,000	
	橋北段	匯世界	台南市永康區	2018年底	5,000,000	
	副都心239	NY璞緻	新北市新莊區	－	－	
	灣頭段	－	－	－	－	
	幸福公園3期	－	－	－	－	
	清楠段	－	－	－	－	
	小計	－	－	－	－	
營建用地	其他	－	－	－	－	
合計						

註：1. 資料整理時間為 2019.03.29；2. 預估獲利金額＝淨變現價值－帳面金額

—三發地產（9946）存貨分析表

帳面金額 （千元）	淨變現價值 （千元）	預估獲利金額 （千元）	已售比率 （%）
985,754	1,266,728	280,974	—
1,080,806	2,134,138	1,053,332	—
632,823	828,168	195,345	—
894,529	1,403,565	509,036	—
278,061	548,685	270,624	—
3,871,973	6,181,284	2,309,311	—
381,016	423,010	41,994	58
1,770,157	2,454,154	683,997	51
1,018,321	1,035,847	17,526	39
2,707,712	4,187,188	1,479,476	16
305,207	376,902	71,695	—
15,180	22,527	7,347	—
125,205	132,033	6,828	—
17,705	27,032	9,327	—
6,340,503	8,658,693	2,318,190	—
3,760	3,760	—	—
10,216,236	14,843,737	—	—

資料來源：三發地產年報、財報

發晶沙」建案，若全部完銷，可以貢獻 2.43 元。兩者合計可以貢獻每股稅前獲利為 7.69 元（＝ 5.26 ＋ 2.43）。

步驟 3》以每股淨值＋未來每股獲利折現值估價

　　被低估的股價，什麼時候會還給投資人公道呢？就是在公司獲利大幅成長的時候。三發地產 2018 年年底的合約負債金額上升到 4 億 1,389 萬 8,000 元，代表預售屋賣得不錯。或是看「重大或有負債及未認列合約承諾」部分，2018 年年底，三發地產已簽約之銷售房地合約金額大幅上升至22 億3,393 萬3,000元，可推估預售屋賣得不錯。

　　依據 2018 年的財報資訊可以知道，三發地產的每股淨值為 18.47 元，加上「匯世界」及「三發晶沙」建案的每股稅前獲利為 7.69 元，扣除 10% 所得稅費用（估計值）後，約可貢獻每股獲利 6.92 元（＝ 7.69×（1 － 10%）），三發地產的每股淨值將上升至 25.39 元（＝ 18.47 ＋ 6.92）。由於「匯世界」建案於 2018 年年底完工，「三發晶沙」建案於 2017 年完工，但也賣得很好，餘屋有機會於 2019 年售出，因此營收應於 2019 年認列，

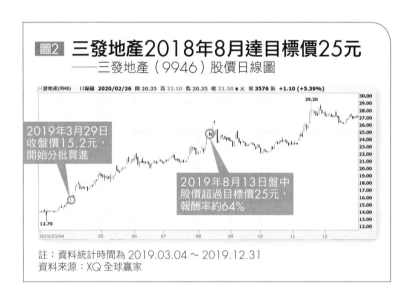

故每股獲利無須折現。考量三發地產的建案可能不會全部
完銷，故 2019 年 3 月 29 日給予三發地產 25 元的目標價。

　三發地產在 2019 年 3 月 29 日公布 2018 年的財報，
當時的股價 15.2 元。我從那天開始分批買進三發地產的
股票。隨著時間的經過，三發地產的股價也如預期慢慢上
漲，於 2019 年 8 月 13 日，股價到達 25 元的目標價，
報酬率 64%，若以持有天數 137 天計算，年化報酬率

276%（詳見圖 2）。當三發地產的股價超過目標價 25 元時，我就依照紀律，從技術面找賣點獲利了結，平均賣在 26 元，將資金轉入下一檔有潛力的營建股。

其實賣出股票的理由有很多種，可以參考《會計師低價存股術 用一張表存到 1300 萬》一書。而我賣出三發地產的原因，只是因為找到報酬率更高的總太（3056，詳見 2-6），並不代表三發地產不好。因此我自己是賣出股票，但也在臉書上和大家分享。

根據表 5 的資訊，我認為三發地產的「在建房地」還可以再貢獻獲利 23 億 931 萬 1,000 元，也就是貢獻每股盈餘（EPS）8.2 元（＝ 23 億 931 萬 1,000÷2 億 8,114 萬 1,000）。雖然許多建案當時尚未賣出去，但位於高雄市苓雅區的「五塊厝段」，以及高雄市前鎮區的「興邦段」，地點都不錯，之後賣出去的機率很高。

雖然我自己因為找到報酬率更高的股票所以賣出換股，但還是在臉書調高三發地產的目標價至 30 元。這樣的做法，遭到批評，懷疑我自己倒貨，把粉絲當提款機，這樣

的說法，我完全不能接受。

　　基本上，目標價有分為短期、中期、長期。三發地產的短期目標價為 25 元，但 2019 年的 EPS 應有 6.92 元，隔年（2020 年）的現金股利應該不會太差。2021 年又有總銷合計 100 億元以上的三大建案完工，未來股價上漲的機率還是很大。只是我當時認為總太會漲比較多，所以換股操作而已。

　　事後驗證，2019 年 11 月 19 日，三發地產股價最高漲至 29.2 元，還原現金股利 0.3 元和股票股利 0.7 元（也就是 1 股配 0.07 股），調整股價為 31.54 元（＝29.2×（1 ＋ 0.07）＋ 0.3），已經超過設定的目標價 30 元。若在臉書上參考我的資訊投資，應該都有賺錢。雖然三發地產在 2020 年 2 月爆發家族醜聞，股價應聲下跌，但這是我事前無法控制的，所以這裡也要再次提醒風險控管的重要。

　　最有利的辯證是無言的微笑，當下一時說不清楚，就讓時間去證明。我也不想花太多時間去解釋，我只想繼續認

真研究，繼續向前走。

　　當初會選擇就讀會計系財金所，會兼差當斜槓青年，當然就是比較愛錢。但不義富且貴，於我如浮雲，我不可能把散戶當提款機。受到指責的當下，心情多少受到影響。但我告訴自己，雖然有少數批評的聲音，但還是很多人會參考我的分析。我必須拿出專業，客觀評論一家公司，不能受特定人左右。誠實說出自己內心的想法，即使得罪人，但至少對得起自己的良心。

　　因為我的成績很好，有些人稱呼我「學霸」。在古代就是士大夫，要有骨氣，要正直，要濟弱扶傾。現在身為一名投資達人，我覺得看法可以不準，但不能出賣自己的靈魂。就讀台大會計系時，林蕙真教授上課時說，「做事比考試難，做人比做事難，管人又比做人難。」即使自認問心無愧，還是受到指責，只能當作修身養性囉。

亞銳士（6171）》
接班效應發酵　獲利率提高

　　台灣亞銳士股份有限公司（簡稱亞銳士，股號6171）
成立於 1995 年，原以經銷代理電腦周邊相關產品為主要
業務。2012 年亞銳士被大城建築事業集團買下多數股權，
借殼上櫃。賴源釗當選董事長後變更亞銳士的營業項目，
引進不動產業務，將總公司由台北搬到台中，所推建案多
位於台中地區。

　　大城建築事業集團旗下的大城建設和亞銳士同屬建設公
司，董事長皆為賴源釗，區別在於亞銳士為上櫃公司，大
城建設則未公開發行。故過去在經營策略上，賴源釗將利
潤較高的建案留給大城建設，地段普通的建案分給亞銳士，
加上推案不多，導致亞銳士過去的獲利都位於損益兩平邊
緣，股價長期低於淨值，毫無投資價值。

　　然而，由於賴源釗年歲漸長，有意扶持兒子賴亮成（截至 2020 年 3 月，在亞銳士擔任董事長特助）成為未來亞銳士的接班人，所以近期屢屢打破慣例，將地段較佳的土地分配給亞銳士，希望藉由創造獲利增強亞銳士體質，為兒子奠下雄厚的基礎，以便讓其一展長才。

　　我是在 2019 年 6 月 13 日開始關注亞銳士，由於亞銳士的股本僅 7 億 5,352 萬元，算是小型的建設公司，只要某個建案完工入帳，就容易衝高每股盈餘（EPS），造成股價波動較大。

步驟 1》以營建股投資策略評分模型檢視基本面

　　就亞銳士 2019 年第 1 季個別財報來看，亞銳士在 2019 年 3 月底的資產總額 16 億 9,994 萬 5,000 元，存貨金額 15 億 5,613 萬 6,000 元，約占資產 91.5%（ ＝ 15 億 5,613 萬 6,000÷16 億 9,994 萬 5,000×100%），現金及約當現金為 8,337 萬 7,000 元。

　　資金來源，負債約占 35.7%，權益約占 64.3%。負債比

率僅 35.7%，低於同業平均的 60%，財務結構佳。負債中有 2 億 5,783 萬元來自銀行借款，利率為 2.2%，合理偏低。另有 5,067 萬 6,000 元的合約負債，此負債不須支付利息，為較佳的資金來源。合約負債的金額愈高，則代表預售屋賣得愈好。

　　另外，從財報附註「六、重要會計項目之說明」項下「（三）存貨」中可知，亞銳士帳上賣不出去的餘屋（即待售房地）僅 8,387 萬 4,000 元，占存貨總額的 5.4%（＝8,387 萬 4,000÷15 億 5,613 萬 6,000×100%）。且從「待售房地」的變化趨勢來看，2019 年已陸續去化，不至於造成資金積壓。

　　若以「丁彥鈞營建股投資策略評分模型」來評估，亞銳士於 2019 年 6 月 13 日的得分是 42 分（詳見表 1）。雖然亞銳士整體分數偏低，不到 50 分，但依據亞銳士 2018 年的年報資訊來看，亞銳士手上共有 4 個建案，全部都預計在 2020 年完工，相當集中（詳見表 2）。也就是說，亞銳士的獲利在 2020 年將產生大爆發，當然值得好好研究一番。

表1 **亞銳士的營建股投資策略總分為42分**
——亞銳士（6171）之丁彥鈞營建股投資策略評分模型

面向	項目	權重（分）	得分（分）	總分（分）
成長性	與建案銷售有關的合約負債	5	0	7
	與建案銷售有關的未認列合約承諾	5	5	
	與建案銷售有關的每股未認列合約承諾	10	2	
獲利性	毛利率	10	2	2
	營業淨利率	10	0	
穩定性	營業活動現金流量	5	1	13
	營業淨利	5	4	
	本期淨利	5	4	
	現金股利	5	4	
安全性	滯銷率	10	8	8
價值性	每股潛在獲利	10	0	12
	股價淨值比	20	12	
合計				42

註：資料統計時間為 2019.06.13；得分標準詳見 2-1

步驟 2》預估建案未來每股獲利

發現有利可圖後，可再進一步推算各建案的未來每股獲利。推估方式如下（為了簡化計算，千元以下採四捨五入）：

表2 亞銳士4大建案皆預計於2020年完工
──亞銳士（6171）各建案資訊

建案名稱	預計銷售戶數（戶）			車位（個）		預計完工時點
	住戶	店面	總計	平面式	機械式	
大城仰雲	256	9	265	92	173	2020.02
八月小確幸	156	0	156	61	96	2020.04
十二月滿	44	1	45	47	0	2020.08
四月泊樂	176	0	176	84	96	2020.12

註：「四月泊樂」建案原為北屯區太祥段235等7筆，在財報上為「北屯區太祥段235號、238號」
資料來源：亞銳士2018年年報、591房屋交易網

1. 大城仰雲

①**營業收入**：估計營收的方式非常多，例如可以利用591房屋交易網的資訊來估算。從表2、591房屋交易網及內政部不動產交易實價查詢服務網等網站可得知，「大城仰雲」建案總戶數有265戶，其中住宅僅256戶，有9戶是店面。該建案主打二房格局，從表3中可得知，一戶售價698萬元起，因此住宅的總銷金額為17億8,688萬元（＝698萬×256）。

該建案的平面式車位有92個、機械式車位有173個，

估計平面式車位一個 140 萬元，機械式車位一個 70 萬元，可算出車位總銷 2 億 4,990 萬元（＝ 140 萬 ×92 ＋ 70 萬 ×173）。店面共有 9 戶，一戶 2,500 萬元，總銷 2 億 2,500 萬元（＝ 2,500 萬 ×9）。

從前述可知，「大城仰雲」建案的住宅、車位和店面總銷金額合計 22 億 6,178 萬元（＝ 17 億 8,688 萬 ＋ 2 億 4,990 萬 ＋ 2 億 2,500 萬）。

由於此建案是亞銳士和大城建設合建分售（大城建設提供土地、亞銳士為建設公司），故而依據亞銳士於 2014 年 11 月 12 日公告的資訊中可以得知，建設公司可以分得的比率為 42%，可以分得 9 億 4,994 萬 8,000 元（＝ 22 億 6,178 萬 ×42%，詳見圖 1）。

②**營業成本：**由於此建案為亞銳士和地主合建，故而無須計算土地成本。

至於建築物成本，由於大城建設擁有自己的營造廠──大晟營造，所以亞銳士的工程全部發包給大晟營造，因此

表3 大城仰雲建案每戶最低價為698萬元
──亞銳士（6171）建案價格

建案名稱	地址	坪數（坪）	格局	價格
大城仰雲	台中市西屯區福科路vs.安和路口	18~36	一房（18~19坪）二房（24~26坪）三房（36坪）	698萬元起／戶
八月小確幸	台中市北屯區太原路三段1225號旁	31~40	三房	23萬~25萬元／坪
十二月滿	台中市北屯區樹孝路與太順五街口	46	四房	21萬~25萬元／坪
四月泊樂	台中市北區景賢路與祥順東路口	23~39	二房（23坪）三房（27~39坪）	23萬~25萬元／坪

資料來源：591房屋交易網

由亞銳士2019年第1季個別財報的附註「七、關係人交易」項下「（二）與關係人間之重大交易事項」中，「1.發包工程承諾事項（帳列存貨──在建房地）」項下的「合約總價」欄位中就可以知道，「大城仰雲」建案的成本為6億8,285萬7,000元（詳見表4）。

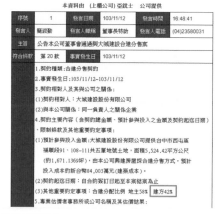

圖1 大城仰雲建案營收，亞銳士可分得42%
——亞銳士公告重大訊息

本資料由 (上櫃公司)亞銳士 公司提供

序號	1	發言日期	103/11/12	發言時間	16:48:41
發言人	簡淑勤	發言人職稱	董事長特助	發言人電話	(04)23580031
主旨	公告本公司董事會通過與大城建設合建分售案				
符合條款	第 20 款	事實發生日	103/11/12		

1.契約種類:合建分售契約
2.事實發生日:103/11/12-103/11/12
3.契約相對人及其與公司之關係:
(1)契約相對人:大城建設股份有限公司
(2)與本公司關係:同一負責人之關係企業
4.契約主要內容(含契約總金額、預計參與投入之金額及契約起迄日期)、
限制條款及其他重要約定事項:
(1)預計參與投入金額:大城建設股份有限公司提供台中市西屯區
福順段91、108~111共五筆地號土地,面積5,524.42平方公尺
(約1,671.1369坪),由本公司興建房屋採合建分售方式,預計
投入成本的新台幣84,003萬元(建築成本)。
(2)契約起迄日期:自合約簽訂日起至本案結案為止
(3)其他重要約定事項:合建分配比例 地主58% 建方42%
5.專業估價者事務所或公司名稱及其估價結果:

資料來源:公開資訊觀測站

③**營業毛利**：將總銷金額扣除建案總成本，可以算出營業毛利等於 2 億 6,709 萬 1,000 元（＝9 億 4,994 萬 8,000 － 6 億 8,285 萬 7,000）。再將營業毛利除以總銷金額可算出毛利率為 28%（＝ 2 億 6,709 萬 1,000÷9 億 4,994 萬 8,000×100%）。

④**營業費用**：營業費用率估計為總銷金額的 9%，即

表4 **大城仰雲營建成本逾6億8,000萬元**
──亞銳士（6171）發包給大晟營造的營建成本

建案名稱	合約總價（千元，含追加工程）	已計價金額（千元）	
		2019.03.31	2018.12.31
大城仰雲	682,857	133,157	81,943
八月小確幸	464,762	55,771	46,476
十二月滿	189,524	22,743	15,162
四月泊樂	492,381	－	－
合計		211,671	143,581

註：四月泊樂建案原為北屯區太祥段235等7筆，在財報上為「北屯區太祥段235號、238號」
資料來源：亞銳士 2019.Q1 個別財報

8,549 萬 5,000 元（＝9 億 4,994 萬 8,000×9%）。

⑤**營業淨利**：將營業毛利扣除營業費用可算出營業淨利，為 1 億 8,159 萬 6,000 元（＝2 億 6,709 萬 1,000 － 8,549 萬 5,000）。

⑥**所得稅費用**：由於亞銳士在此建案中沒有土地，所出售的房屋全部都需要課稅，故所得稅稅率以 20% 估算。將營業淨利乘以所得稅稅率可算出所得稅費用為 3,631 萬

9,000 元（＝1 億 8,159 萬 6,000×20%）。

⑦**稅後淨利**：將營業淨利扣除所得稅費用，可以算出稅後淨利為 1 億 4,527 萬 7,000 元（＝1 億 8,159 萬 6,000 － 3,631 萬 9,000）。

⑧ EPS：再將稅後淨利除以股數 7,535 萬 2,000 股，可算出 EPS 為 1.93 元（＝1 億 4,527 萬 7,000÷7,535 萬 2,000）。

2. 四月泊樂

①**營業收入**：從表 2 中可得知，「四月泊樂」建案（即「北屯區太祥段 235 號、238 號（原北屯區太祥段 235 等 7 筆）」）有 176 戶，從表 3 加上個人專業判斷可得知，平均坪數約 28 坪，以每坪 23 萬元保守估計，住宅的總銷金額為 11 億 3,344 萬元（＝23 萬 ×176×28）。

該建案的平面式車位有 84 個、機械式車位有 96 個，因為台中市北屯區的房價較便宜，故假設平面式車位一個 100 萬元，機械式車位一個 50 萬元，可算出車位總銷 1

表5 四月泊樂土地成本為3億2,721萬元
——亞銳士（6171）財報存貨段

類別	建案名稱	2017.06.30金額（千元）
營建用地	四月泊樂	327,210
在建房地	十二月滿	176,626

註：四月泊樂建案原為北屯區太祥段235等7筆，在財報上為「北屯區太祥段235號、238號」
資料來源：亞銳士 2017.Q2 個別財報

億 3,200 萬元（＝ 100 萬 ×84 ＋ 50 萬 ×96）。

從前述可知，「四月泊樂」建案的住宅和車位合計共 12 億 6,544 萬元（＝ 11 億 3,344 萬＋ 1 億 3,200 萬）。

②**營業成本**：至於土地成本，可以從存貨段取得。翻開亞銳士 2017 年第 2 季個別財報，營建用地的部分，截至 2017 年 6 月 30 日，「四月泊樂」建案的土地成本為 3 億 2,721 萬元（詳見表 5）。

建築物成本的部分，從表 4 可以得知是 4 億 9,238 萬 1,000 元。將土地成本加上建築物成本，可以算出建案總

成本為 8 億 1,959 萬 1,000 元（＝ 3 億 2,721 萬 ＋ 4 億 9,238 萬 1,000）。

③**營業毛利**：將總銷金額扣除建案總成本，可以算出營業毛利等於 4 億 4,584 萬 9,000 元（＝ 12 億 6,544 萬 － 8 億 1,959 萬 1,000）。再將營業毛利除以總銷金額，可算出毛利率為 35%（＝ 4 億 4,584 萬 9,000÷12 億 6,544 萬 ×100%）。

④**營業費用**：假設營業費用率為總銷金額的 9%，為 1 億 1,389 萬元（＝ 12 億 6,544 萬 ×9%）。

⑤**營業淨利**：將營業毛利扣除營業費用可以算出營業淨利為 3 億 3,195 萬 9,000 元（＝ 4 億 4,584 萬 9,000 － 1 億 1,389 萬）。

⑥**所得稅費用**：由於「四月泊樂」建案的土地是在 2016 年以前買的，不適用房地合一稅，故將平均稅率估計為 10%，可算出所得稅費為 3,319 萬 6,000 元（＝ 3 億 3,195 萬 9,000×10%）。

⑦**稅後淨利**：將營業淨利扣除所得稅費用，可以算出稅後淨利為 2 億 9,876 萬 3,000 元（= 3 億 3,195 萬 9,000 − 3,319 萬 6,000）。

⑧ EPS：再將稅後淨利除以股數 7,535 萬 2,000 股，可算出 EPS 為 3.96 元（= 2 億 9,876 萬 3,000÷7,535 萬 2,000）。

「八月小確幸」和「十二月滿」建案的推估方式與前兩者相同，故不續列。但要注意的是，「十二月滿」建案，雖然於 2014 年取得建築執照（103 中都建字第 01274 號），但當初遇到房市不好停推（指延後施工日期），所以雖然列在「在建房地」，但金額 1 億 7,662 萬 6,000 元全為土地成本。「八月小確幸」為亞銳士和地主合建的建案，故無土地成本。

如果前述 4 個建案全部依據 591 房屋交易網的售價估算，完全不做任何的調整，可以完成亞銳士各建案獲利預估表如表 6。由於 591 房屋交易網的每坪售價，低於附近區域的行情，故而若全部以 591 房屋交易網的資訊來估計

各建案的獲利，比較保守。我們可以再拿亞銳士的財務報告出來估算，看看前面估計的數據是否準確。

　依據亞銳士 2018 年第 4 季個別財報的長式報告揭露明細可以得知，亞銳士 2018 年 12 月 31 日的在建房地成本為 6 億 9,141 萬 6,000 元，淨變現價值為 14 億 5,287 萬 7,000 元，兩者相差 7 億 6,146 萬 1,000 元，該數值為建案全部完銷後可得的獲利。將該數值扣掉所得稅（假設稅率為 20%）後，再除以股數 7,535 萬 2,000 股，即可算出 EPS 約為 8.08 元（＝ 7 億 6,146 萬 1,000×（1 － 20%）÷7,535 萬 2,000，詳見表 7），與表 6 的 4 個建案 EPS 合計數 8.76 元（＝ 1.93 ＋ 1.9 ＋ 0.97 ＋ 3.96）接近。

　資料交叉比對後發現結果一致，由此可知，即使表 6 的估計沒有完全正確，也不至於相差太遠。

步驟 3》以每股淨值＋未來每股獲利折現值估價

　若依據純學術的模型，假設亞銳士的折現率為 15%，

表6 2021年四月泊樂預估貢獻EPS 3.96元
——亞銳士（6171）建案預估獲利計算表

建案	大城仰雲	八月小確幸	十二月滿	四月泊樂
住宅戶數（戶）	256	156	44	176
平均坪數（坪）	25	31	46	28
每坪單價（萬元）	698*	23	21	23
房屋總銷（千元）	1,786,880	1,112,280	425,040	1,133,440
車位總銷（千元）	249,900	10,900	47,000	132,000
店面戶數（戶）	9	0	1	0
店面總銷（千元）	225,000	0	20,000	0
建案總銷（千元）	2,261,780	1,123,180	492,040	1,265,440
分回比率（%）	42	63	100	100
分得金額（千元）	949,948	707,603	492,040	1,265,440
土地成本（千元）	0	0	176,626	327,210
房屋成本（千元）	682,857	464,762	189,524	492,381
建案總成本（千元）	682,857	464,762	366,150	819,591
營業毛利（千元）	267,091	242,841	125,890	445,849
毛利率（%）	28	34	26	35
營業費用（千元）	85,495	63,684	44,284	113,890
營業淨利（千元）	181,596	179,157	81,606	331,959
所得稅稅率（%）	20	20	10	10
所得稅費用（千元）	36,319	35,831	8,161	33,196
稅後淨利（千元）	145,277	143,326	73,445	298,763
EPS（元）	1.93	1.90	0.97	3.96
預計完工時間	2020.02	2020.04	2020.08	2020.12

註：資料統計時間為 2019.06.13；營業費用率以 9% 計算；所得稅稅率為作者自行
　　假設；股數以 7,535 萬 2,000 股計算；* 大城仰雲共 265 戶，其中僅 256 戶
　　為住宅，每戶單價 698 萬元起，其他 9 戶為店面，每戶單價 2,500 萬元；大城
　　仰雲和八月小確幸為合建分售，故無土地成本
資料來源：591 房屋交易網、亞銳士季報、年報

表7　2018年底在建房地淨變現價值逾14億元
—— 亞銳士（6171）2018年12月31日存貨明細表

項目	成本（千元）	淨變現價值（千元）
待售房地	158,154	208,946
營建用地	551,185	582,059
在建房地	691,416	1,452,877
預付土地款	31,700	31,700

註：帳面價值採成本與淨變現價值孰低者衡量，且逐項比較之
資料來源：亞銳士 2018.Q4 個別財報

則將未來的每股獲利，以折現率換算成現在的價值。用目前（2019年6月13日）的每股淨值14.51元，加上2019年到2021年的EPS折現，則可以推測出亞銳士當時的理論價格為21.67元。其中要注意的是，「四月泊樂」建案雖然預計於2020年12月完工，但獲利通常會認列在隔年，也就是2021年。計算式如下：

$$P=14.51+\frac{4.8}{(1+15\%)^1}+\frac{3.96}{(1+15\%)^2}$$

$$P=14.51+4.17+2.99=21.67$$

圖2 亞銳士2019年9月漲至目標價20元
——亞銳士（6171）股價日線圖

2019年6月13日以收盤價12.65元買進

2019年9月5日以目標價20元賣出，還原息值報酬率60%

註：資料日期為 2019.06.03 ～ 2019.10.01　　資料來源：XQ 全球贏家

然而，當時亞銳士的建案並未全部完銷，只是依據建案的位置去推測，在捷運站附近應該不至於賣不出去。尚未賣出的建案，由於獲利並非已賺得，風險較高，市場給予的折現率會比較大，因此換算出來的現值一定低於 21.67 元。因此，我於 2019 年 6 月 13 日保守估計亞銳士有 20 元的價值。由於建案銷售順利，亞銳士的股價於 2019 年 9 月 5 日，果真漲到 20 元（詳見圖 2）。

2019 年 6 月 13 日以收盤價 12.65 元買進亞銳士，並

持有至 2019 年 9 月 5 日以目標價 20 元賣出來看，總共持有 84 天，還原息值後報酬率為 60%（＝（（20＋0.2）÷12.65－1）×100%，亞銳士於 2019 年 8 月 1 日發放現金股利 0.2 元），年化報酬率 664%（＝（60%＋1）^（365÷84）－1）。

　　由於亞銳士又於 2019 年年底推出「大城好樂事」建案，預計 2022 年 9 月完工，總銷 EPS 有機會達到 4.45 元。若於 2020 年 2 月重新估算亞銳士的價值，2019 年 9 月的每股淨值為 14.26 元，估計 2020 年的 EPS 為 4.8 元，2021 年為 3.96 元，2022 年為 4.45 元，運用折現模型加總後可以算出，亞銳士有 25.86 元的價值，計算式如下：

$$P=14.26+4.8+\frac{3.96}{(1+15\%)^1}+\frac{4.45}{(1+15\%)^2}$$

$$P=14.26+4.8+3.44+3.36=25.86$$

　　從前述資訊可知，新的建案會影響公司未來的獲利，因此，投資人須密切注意各建案後續銷售狀況，檢視各建案

是否有順利賣出。若建案滯銷,建商降價求售,亞銳士的理論價值就會往下掉;相反地,若建案熱銷,房屋愈賣愈貴,總銷金額超乎預期,建案的實際 EPS 超過估計數,亞銳士的理論價值就會上升。

就目前情況來看,由於亞銳士董事長賴源釗有意扶持兒子賴亮成接班,會將更多資源給亞銳士,故而推測亞銳士未來建案的毛利率將會向上提升,值得留意。

但這裡我也要提醒讀者一句,用模型導出的每股理論價值隱含諸多假設,與實際股價會有差異,故而每股理論價值並非目標價,須視建案實際銷售情況調整。投資具有風險,買賣決策請自行決定。

總太（3056）》
售價資訊透明　締造銷售佳績

　　總太地產開發股份有限公司（簡稱總太，股號 3056）由前董事長吳錫坤於 1993 年房地產景氣低迷時成立，於 2007 年以借殼方式入主 IC 設計公司「駿億電子」，之後又於 2010 年結束電子事業群業務。

　　2011 年 6 月，駿億電子正式改掛為營建類股，並於同年 7 月更名為總太地產開發股份有限公司，主要營業項目為委託營造廠商興建住宅及商業大樓之出租或出售等。總太從銷售起家到成為建設公司，同時擁有自家的甲級營造團隊，形成扎實、內斂的專業建設品牌。

　　總太的推案重點在台中市北屯區，經營策略為購買蛋白區的便宜土地，再以低總價的方式，將預售屋賣給小資族，

收取合約定金後，再將資金投入下一個建案。由於總太推
出的建案品質良好，有口皆碑，常常房子還沒蓋好就完銷
了。

政府施行「實價登錄」後，由於建商操作的空間變小了，
因此總太乾脆祭出「實價銷售」或「不二價銷售」策略，
開價就等於售價，沒有殺價的空間，就連員工、股東及老
客戶都沒有檯面下的優惠。總太這樣的行銷模式打破了過
去的商業慣例，反而大受好評。由於資訊透明公開，成功
擄獲新世代的消費者，締造銷售佳績。

原本總太的事業群包含電子部門，但因為連年虧損，已
於 2010 年結束營運。壯士斷腕後，總太自 2011 年開始
轉虧為盈，連年獲利，且自 2012 年開始，每年皆發放現
金股利。

步驟 1》以營建股投資策略評分模型檢視基本面

我是在 2019 年 5 月 14 日關注到總太的。以財務報表
來看，總太 2019 年第 1 季的資產總額 99 億 967 萬元，

存貨金額 76 億 1,533 萬 1,000 元,現金及約當現金金額 12 億 2,561 萬 5,000 元。

就資金來源來看,總太的負債占 53%,權益占 47%。就負債而言,有 32 億 7,885 萬元來自銀行借款,利率區間介於 1.9% ～ 2.2%,合理偏低。另有 14 億 4,559 萬 5,000 元的合約負債,此負債不須支付利息,為較佳的資金來源。合約負債的金額愈高,代表預售屋賣得愈好。

另外,從財報附註「十、存貨——建設業」中可知,總太 2019 年 3 月 31 日帳上賣不出去的餘屋(即待售房地)為 3 億 6,401 萬 1,000 元,僅為存貨總額的 4.78%(＝ 3 億 6,401 萬 1,000÷76 億 1,533 萬 1,000×100%),代表總太的銷售能力很強。

若以「丁彥鈞營建股投資策略評分模型」來評估,總太於 2019 年 5 月 14 日的得分是 84 分的超高分(詳見表 1)。其中「成長性」面向獲得 20 分的滿分,代表總太的獲利有機會大幅成長。而總太的「價值性」有 26 分,代表總太當時的股價嚴重被低估,是很值得投資的標的。

表1　總太的營建股投資策略總分為84分
——總太（3056）之丁彥鈞營建股投資策略評分模型

面向	項目	權重（分）	得分（分）	總分（分）
成長性	與建案銷售有關的合約負債	5	5	20
	與建案銷售有關的未認列合約承諾	5	5	
	與建案銷售有關的每股未認列合約承諾	10	10	
獲利性	毛利率	10	4	10
	營業淨利率	10	6	
穩定性	營業活動現金流量	5	3	18
	營業淨利	5	5	
	本期淨利	5	5	
	現金股利	5	5	
安全性	滯銷率	10	10	10
價值性	每股潛在獲利	10	10	26
	股價淨值比	20	16	
合計				84

註：資料統計時間為 2019.05.14；得分標準詳見 2-1

　　確定總太是很適合研究的標的以後，可以繼續深入財報了解。我們從總太歷年第 4 季個體財報「存貨——建設業變動明細表」中的「轉列成本」，可以看出各建案的營建成本。以總太 2017 年剛完工的建案來說，查詢總太

表2 存貨明細表中的轉列成本，即為營建成本

建案名稱	年初餘額	土地成本	工程成本
明日	5,870	－	－
東方威尼斯	1,018,543	－	145,516
拾光	535,212	－	116,071
東方悅	1,117,426	1,937	455,911

註：1. 資料統計時間為 2017.01.01 ～ 2017.12.31；2. 單位皆為千元

2017 年第 4 季個體財報可知，「東方威尼斯」建案的總成本為 11 億 6,631 萬 3,000 元，「拾光」建案的總成本為 6 億 5,468 萬 2,000 元（詳見表 2）。

接著，從財報附註的「九、存貨——建設業」資料，可以得到各建案土地成本的資訊。將建案總成本扣除土地成本，可以得到建築成本金額。接著，從建築工程履歷查詢系統中，可以得到總樓地板面積的資訊。將建築成本除以總樓地板面積，可以得到每坪造價的金額。

要注意的是，「明日」建案是在 2016 年完工，所以要看的是 2016 年的財報；「東方悅」建案是在 2018 年完工，

——總太（3056）存貨－建設業變動明細表

利息資本化	轉列成本	年底餘額
－	-1,462	4,408
2,254	-1,166,313	－
3,399	-654,682	－
9,999	－	1,585,273

資料來源：總太 2017.Q4 個體財報

要看的是 2018 年的財報。

　　原則上，建案的總樓地板面積愈大，愈具有規模經濟的效果，每坪造價的金額會比較低。以總太近期完工的 4 個建案（明日、東方威尼斯、拾光和東方悅）來看，每坪造價多在 10 萬元以下（詳見表 3）。

　　應該會有讀者疑惑，為什麼台北的建築成本，每坪造價約 20 萬元，台中的卻每坪不到 10 萬元？

　　其實，影響建築成本的因素非常多，除了建材的種類不同外，也和基地面積有關。原則上，基地面積大，具有規

表3 **總太建案的每坪造價多在10萬元以下**

建案名稱	完工年度（年）	總樓地板面積（坪）	總成本（萬元）	
明日	2016	26,880	308,175	
東方威尼斯	2017	7,497	116,631	
拾光	2017	4,527	65,468	
東方悅	2018	12,180	167,231	

註：以完工年度的財報資料為準

模效應，每坪的建築單價就會比較低。如果周圍空曠、好施工，則工程成本較低。像台北，如果四周都是建築物，施工需要技術，一定會拉高建築成本。再者，地下室開挖方式及基礎工法不同，也都會造成造價差異。除此之外，台北下雨天數多，施工期較長，以及台北工人的薪資較高等，都是拉高建築成本的原因。

　比較特別的一點是，台北盆地以前是台北湖，土壤液化程度嚴重，開挖時需要一直抽水，挖出來的土是爛泥巴，沒什麼價值，是「糞土」，需要付錢請別人處理。而台中地下是卵礫石層，地質莫氏硬度（詳見註1）為7，單壓強度（詳見註2）超過100 MPa（百萬帕斯卡，其中帕斯

——總太（3056）近期各建案成本表

土地成本（萬元）	建築成本（萬元）	每坪造價（萬元）
103,787	204,388	7.6
44,200	72,431	9.7
27,484	37,984	8.9
79,067	88,164	7.2

資料來源：總太季報和年報、建築工程履歷查詢系統

卡為壓力單位），質地非常堅硬，是有價值的「黑金」，可以拿去賣錢。

　一個是「糞土」，需要付錢請別人處理，一個是「黑金」，可以賣錢，建築成本當然有差。而且硬度高的卵礫石層不需要使用連續壁（詳見註 3），也可以再降低建築成本。

註 1：莫氏硬度又稱摩氏硬度，由德國礦物學家腓特烈‧摩斯（Frederich Mohs）所提出，是用來測定礦物硬度的標準，從 1 ～ 10 共分 10 級，數字愈大表示該礦物的硬度就愈硬。

註 2：單壓強度是指岩石單位面積上所承受的載荷，當壓力超越抗壓強度時，材料會出現脆斷、塑性變形等不可逆的形變。

註 3：在地下工程施工時，建於地表之下的鋼筋混凝土牆，用於支撐周圍的軟土層，或用來擋水等。

表4	總太預售屋銷售率皆逾7成以上

──總太（3056）預售屋資訊表

建案名稱	地點	產品	總銷金額（億元）	2018年11月銷售率（%）	預計完工年度（年）
美樂地	台中市北屯區	住宅	27.8	100	2019
東方紐約	台中市東區	住宅	7.8	93	2019
織築	台中市北屯區	住宅	10.6	100	2020
總太2020	台中市北屯區	住宅	60.5	74	2021

資料來源：總太 2018.11 法説會資料

步驟 2》預估建案未來每股獲利

　　接著，我們可以依據總太 2018 年 11 月的法説會資料（詳見表4）、2019 年第 1 季合併財報中附註「十、存貨－建設業」和「三一、重大或有負債及未認列之合約承諾」（詳見表 5）的資訊，預估總太未來幾年預計完工建案的獲利，此處以「美樂地」、「總太 2020」建案為例，為了簡化計算，千元以下採四捨五入計算：

1. 美樂地

　　①**營業收入**：從表 4 中可以得知，總銷金額為 27 億

表5 從財報中的營建用地，可得知土地成本
——總太（3056）各建案成本和銷售資訊

建案名稱	成本（千元）		收入（千元）	
	營建用地	在建房屋	已售金額（含稅）	已收總價
美樂地	921,642	972,681	2,780,220	494,776
東方紐約	227,131	183,299	720,870	109,892
織築	265,191	216,408	1,063,810	134,876
總太2020	1,133,752	524,886	5,564,670	654,479
共好Melody	643,296	71,169	296,170	16,010

註：資料統計時間為 2019.03.31
資料來源：總太 2019.Q1 合併財報

8,000 萬元。

②**營業成本**：從表 5「營建用地」一欄可以知道，土地成本為 9 億 2,164 萬 2,000 元。有關建物坪數，可以從建築工程履歷查詢系統中得知為 1 萬 6,018 坪。至於每坪建造成本，可以專業判斷做調整。將建物坪數乘以每坪建造成本，可以算出房屋成本為 13 億 8,235 萬 3,000 元（＝1 萬 6,018×8 萬 6,300）。將土地成本加上房屋成本，可以算出建案總成本為 23 億 399 萬 5,000 元（＝9 億

2,164 萬 2,000 ＋ 13 億 8,235 萬 3,000）。

③**營業毛利：**將總銷金額扣除建案總成本，可以算出營業毛利為 4 億 7,600 萬 5,000 元（＝ 27 億 8,000 萬－23 億 399 萬 5,000）。將營業毛利除以總銷金額，可以算出毛利率為 17%（＝ 4 億 7,600 萬 5,000÷27 億 8,000 萬）。

上網搜尋「美樂地」建案的相關資料，查到 2016 年 12 月 7 日有一則相關報導，內容如下：「以台中北屯區的總太『美樂地』新案為例，2 房（含車位）總價 458 萬元起，每坪均價 17.5 萬元。當初購買太順路土地時，每坪成本約 45 萬元，基地面積約 2,120 坪，規畫 24 至 38 坪的產品；換算下來，每坪土地成本約 6.9 萬元，占售價的 39%。至於營造成本，『美樂地』預計興建地上 15 樓、地下 3 樓，受到原物料、人工漲價影響，估算過後，每坪造價約 7.5 萬元，占售價的 43%。」

從上述的新聞內容可推估，「美樂地」建案的毛利率約 18%（＝ 1 － 39% － 43%），與我估計的 17% 相當接近。

④**營業費用**：營業費用抓總銷金額的 5%，為 1 億 3,900 萬元（＝ 27 億 8,000 萬 ×5%）。

⑤**營業淨利**：將營業毛利扣除營業費用，可以算出營業淨利為 3 億 3,700 萬 5,000 元（＝ 4 億 7,600 萬 5,000 － 1 億 3,900 萬）。

⑥**所得稅費用**：所得稅稅率估計為營業淨利的 8%，約為 2,696 萬元（＝ 3 億 3,700 萬 5,000×8%）。

⑦**稅後淨利**：將營業淨利扣除所得稅費用，可算出稅後淨利為 3 億 1,004 萬 5,000 元（＝ 3 億 3,700 萬 5,000 － 2,696 萬）。

⑧**每股盈餘（EPS）**：將稅後淨利除以股數 2 億 920 萬股，可算出 EPS 為 1.48 元（＝ 3 億 1,004 萬 5,000÷2 億 920 萬）。

2. 總太 2020

①**營業收入**：從表 4 中可以得知，總銷金額為 60 億

5,000 萬元，即未來營業收入。

②**營業成本**：由於該建案的建築物總樓地板面積為 3 萬 5,838 坪，具有規模經濟，所以每坪建造成本會比較低。然而，近年來缺工問題嚴重，年輕人寧願西裝筆挺的坐在冷氣房，領較少的薪水，也不願意在工地辛苦賺取較高的工資。因此，即使「總太 2020」建案的基地面積較大，具有規模經濟，但因為工資上漲，依據專業判斷，估計每坪建造成本為 8 萬 1,300 元。

將建物坪數乘以每坪建造成本，可以算出房屋成本為 29 億 1,362 萬 9,000 元（= 3 萬 5,838×8 萬 1,300）。將土地成本加上房屋成本，可以算出建案總成本為 40 億 4,738 萬 1,000 元（= 11 億 3,375 萬 2,000 + 29 億 1,362 萬 9,000）。

③**營業毛利**：將總銷金額扣除營業成本，得出營業毛利為 20 億 261 萬 9,000 元（= 60 億 5,000 萬 - 40 億 4,738 萬 1,000），除以總銷金額後得出毛利率為33%（= 20 億 261 萬 9,000÷60 億 5,000 萬 ×100%）。

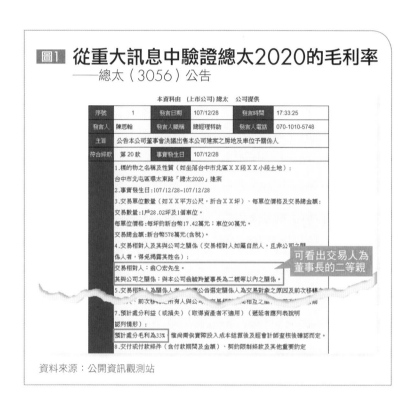

圖1 從重大訊息中驗證總太2020的毛利率
——總太（3056）公告

本資料由（上市公司）總太　公司提供

序號	1	發言日期	107/12/28	發言時間	17:33:25
發言人	陳思翰	發言人職稱	總經理特助	發言人電話	070-1010-5748
主旨	公告本公司董事會決議出售本公司建案之房地及車位予關係人				
符合條款	第20款		事實發生日	107/12/28	

1.標的物之名稱及性質（如坐落台中市北區ＸＸ段ＸＸ小段土地）：
台中市北屯區環太東路「總太2020」建案
2.事實發生日：107/12/28~107/12/28
3.交易單位數量（如ＸＸ平方公尺，折合ＸＸ坪）、每單位價格及交易總額：
交易數量：1戶28.02坪及1個車位。
每單位價格：每坪約新台幣17.42萬元；車位90萬元。
交易總金額：新台幣578萬元（含稅）。
4.交易相對人及其與公司之關係（交易相對人如屬自然人，且非公司之關

係人者，得免揭露其姓名）： 〔可看出交易人為董事長的二等親〕

交易相對人：翁○宏先生。
其與公司之關係：與本公司董事長為二親等以內之關係。
5.交易相對人為關係人者，……公告選定關係人為交易對象之原因及前次移轉……
……、前次……所有人與……易相……相互之關……
7.預計處分利益（或損失）（取得資產者不適用）（遞延者應列表說明
認列情形）：

預計處分毛利為33%，惟尚需俟實際投入成本結算後及經會計師查核後確認而定。
8.交付或付款條件（含付款期間及金額）、契約限制條款及其他重要約定

資料來源：公開資訊觀測站

　　從總太2018年12月28日發布的「公告本公司董事會決議出售本公司建案之房地及車位予關係人」可知，董事長的兄弟也買了「總太2020」建案1戶，公司認列的毛利率約33%。因此我估算出來的毛利率33%應屬合理（詳見圖1）。

④**營業費用**：營業費用率抓總銷金額的 5%，為 3 億 250 萬元（＝ 60 億 5,000 萬 ×5%）。

⑤**營業淨利**：將營業毛利扣除營業費用，可以算出營業淨利為 17 億 11 萬 9,000 元（＝ 20 億 261 萬 9,000 － 3 億 250 萬）。

⑥**所得稅費用**：所得稅稅率估計為營業淨利的 8%，約為 1 億 3,601 萬元（＝ 17 億 11 萬 9,000×8%）。

⑦**稅後淨利**：將營業淨利扣除所得稅費用，可算出稅後淨利為 15 億 6,410 萬 9,000 元（＝ 17 億 11 萬 9,000 － 1 億 3,601 萬）。

⑧ **EPS**：將稅後淨利除以股數 2 億 920 萬股，可算出 EPS 為 7.48 元（＝ 15 億 6,410 萬 9,000÷2 億 920 萬）。

其餘建案，如東方紐約、織築等也是按照同樣的步驟計算，即可製作出預估獲利計算表（詳見表 6）和建案 EPS

表6	總太2020預估可貢獻EPS 7.48元

──總太（3056）建案預估獲利計算表

項目	美樂地	東方紐約	織築	總太2020
總銷金額（千元）	2,780,000	780,000	1,060,000	6,050,000
土地成本（千元）	921,642	227,131	265,191	1,133,752
建物坪數（坪）	16,018	3,519	4,788	35,838
每坪建造成本（萬元）	8.63	9.68	10.29	8.13
房屋成本（千元）	1,382,353	340,639	492,685	2,913,629
建案總成本（千元）	2,303,995	567,770	757,876	4,047,381
營業毛利（千元）	476,005	212,230	302,124	2,002,619
毛利率（%）	17	27	29	33
營業費用（千元）	139,000	39,000	53,000	302,500
營業淨利（千元）	337,005	173,230	249,124	1,700,119
所得稅費用（千元）	26,960	13,858	19,930	136,010
稅後淨利（千元）	310,045	159,372	229,194	1,564,109
EPS（元）	1.48	0.76	1.10	7.48

註：1.千元以下採四捨五入計算；2.資料統計時間為2019.05.14；3.營業費用率以5%
計算；4.所得稅率以8%計算；5.股數為2億920萬股；6.共好Melody在
2018年11月法說會時尚無資料，故未列入表中
資料來源：總太2018.11法說會資料、2019.Q1合併財報

認列時程表（詳見表 7）。

步驟 3》以每股淨值＋未來每股獲利折現值估價

　　若依據純學術的模型，假設總太的折現率為 15%，則將未來的每股獲利，以折現率換算成現在的價值。用目前（2019 年 5 月 14 日）的每股淨值 22.05 元，加上 2019 年到 2021 年的獲利折現，則可以推測出總太當時的理論價值為 30.91 元，計算式如下：

$$P = 22.05 + 2.24 + \frac{1.1}{(1+15\%)^1} + \frac{7.48}{(1+15\%)^2}$$

$$P = 22.05 + 2.24 + 0.96 + 5.66 = 30.91$$

　　因此，當總太於 2019 年 5 月 14 日公布 2019 年第 1 季的財報時，股價才 19.25 元，我就開始買進。

　　之後，總太每季發布新的財報，也在 2019 年 11 月 18 日召開法説會。隨著資料的不斷更新，新增的建案預估獲利計算表如表 8，更新的 EPS 認列時程表則如表 9。

表7	總太2020年預估可認列EPS 1.1元		

——總太（3056）建案EPS認列時程表

建案名稱	2019	2020	2021
美樂地	1.48	—	—
東方紐約	0.76	—	—
織築	—	1.10	—
總太2020	—	—	7.48
合計	2.24	1.10	7.48

註：單位為元

關於「女王萬歲」建案，總太為地主，可分得 56%。總太的子公司永豐泰地產為建商，可分得 44%。由於總太持有永豐泰地產 25% 的股權，因此「女王萬歲」建案，總太合併公司共可認列67%（＝56%＋44%×25%）的獲利。

保守估計，「女王萬歲」建案的總銷 EPS 為 2.66 元，總太可分得 1.78 元（＝2.66×67%）。由於此建案採取「合建分潤」的方式，預收款項進入永豐泰地產的信託專戶，不會出現在總太的財報上。

由於總太於 2019 年期間每股發放現金股利 1.5 元，又認列「美樂地」建案的獲利。截至 2019 年 9 月底，總太

表8 共好Melody建案預估可貢獻EPS 1.53元
——總太（3056）建案預估獲利計算表

項目	共好Melody	女王萬歲	聚作
總銷金額（千元）	2,070,000	1,869,472	6,630,000
土地成本（千元）	643,300	524,659	1,151,276
建物坪數（坪）	10,965	6,471	38,354
每坪建造成本（萬元）	8.9	10.0	8.4
房屋成本（千元）	975,885	647,100	3,221,736
建案總成本（千元）	1,619,185	1,171,759	4,373,012
營業毛利（千元）	450,815	697,713	2,256,988
毛利率（%）	22	37	34
營業費用（千元）	103,500	93,474	331,500
營業淨利（千元）	347,315	604,239	1,925,488
所得稅費用（千元）	27,785	48,339	154,039
稅後淨利（千元）	319,530	555,900	1,771,449
EPS（元）	1.53	2.66	8.47

註：1.千元以下採四捨五入計算；2.資料統計時間為2019.11.18；3.營業費用率以5%
計算；4.所得稅率以8%計算；5.股數為2億920萬股
資料來源：總太2019.11法說會資料、2019.Q3合併財報

的每股淨值為 22.75 元。

　　如果總太的推案全部完銷的話，再次以現金股利折現模型計算，總太於 2019 年 9 月的價值將有 37.15 元，計

表9　聚作建案預估可貢獻EPS 8.47元
——總太（3056）建案EPS認列時程表

建案名稱	2019	2020	2021	2022	2023
東方紐約	0.76	—	—	—	—
織築	—	1.10	—	—	—
總太2020	—	—	7.48	—	—
共好Melody	—	—	—	1.53	—
女王萬歲	—	—	—	1.78	—
聚作	—	—	—	—	8.47
合計	0.76	1.10	7.48	3.31	8.47

註：1. 單位為元；2. 女王萬歲為總太與永豐泰地產合建銷售，故而EPS只能認列67%，即1.78元

算式如下：

$$P=22.75+0.76+\frac{1.1}{(1+15\%)^1}+\frac{7.48}{(1+15\%)^2}+\frac{3.31}{(1+15\%)^3}$$
$$+\frac{8.47}{(1+15\%)^4}$$
$$P=22.75+0.76+0.96+5.66+2.18+4.84=37.15$$

隨著時間的經過，假設1年後總太每股發放1.5元的

現金股利，並沒有推出新的建案，則總太的每股價值為
37.68 元。是的，投資人領到現金股利，公司的每股淨值
會下降，但由於折現期數少一期，總太的每股價值反而上
升。其實，公司發放現金股利，投資人的總報酬率並沒有
改變，只是從資本利得變成股利所得。因此在財務管理的
領域中，有一派的學者認為，一家公司的股利政策並不會
影響公司的價值。

　　因此，我於 2019 年 5 月 14 日開始分批買進總太的股
票，當天的股價才 19.25 元。之後愈來愈多人發現總太的
價值，總太的股價也開始上漲，當年發了 1.5 元的現金股
利後，股價還原息值後於 2019 年 12 月 9 日馬上就漲到
當初的理論價格 29.41 元（＝ 30.91 － 1.5），持有 7
個月報酬率 61%（＝（（29.41 ＋ 1.5）÷19.25 － 1）
×100%）。

　　雖然股價漲到理論價格，但我卻沒有賣出，因為總太帳
上的建案幾乎都完銷了，總不可能讓公司的業務人員吃飽
閒閒沒事幹吧？果不其然，總太於 2019 年 10 月推出了
「總太 2020 二期聚作」（以下簡稱聚作）建案，估計

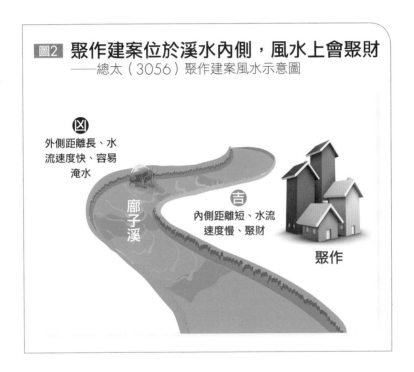

圖2　聚作建案位於溪水內側，風水上會聚財
——總太（3056）聚作建案風水示意圖

☒
外側距離長、水
流速度快、容易
淹水

廊子溪

㊉
內側距離短、水流
速度慢、聚財

聚作

EPS 有機會達到 8.47 元。為了了解「聚作」建案的銷售狀
況，我又故技重施，親臨現場看房。

　　由於總太的「聚作」建案位於廊子溪內側，從物理學的
角度來看，長度較短，水流流速慢，從風水學的角度來看，
會聚財，象徵「大吉」（詳見圖 2）。相反地，廊子溪外側，

距離較長，水流流速快，從風水學的角度來看，會氾濫成災，象徵「大凶」。此外，「聚作」建案前面的弧型拱橋，就像當官的玉帶環腰，把氣都聚集起來了，為藏風俱財的風水旺地。自己走訪這麼多建案，有的蓋得富麗堂皇，有的走溫馨樸實的風格，但售價只能用「合理」形容。總太的「聚作」建案，讓我感到物超所值，價格太親民了，覺得不買對不起自己。

此時，腦中突然靈光一閃，2018 年年底總太董事長翁毓羚的兄弟不是買了「總太 2020 一期」建案 1 戶嗎？依據資訊經濟學的概念，董事長的兄弟對於建案的品質與售價的合理性，擁有的資訊一定比我多，連董事長的兄弟都敢買了，品質應該不會太差。而且稍微算了一下，我買的是「聚作」建案，和董事長的兄弟的買價差不多，所以我買的不算貴。

由於現場看屋的人非常多，方位較佳的都被挑得差不多了，於是我就搭董事長兄弟的便車，當場選了一戶坐北朝南的 2 房物件，搭配 1 個梁柱旁的車位。事後想起來，雖然有些衝動，但是愈想愈得意，覺得真的是物超所值。

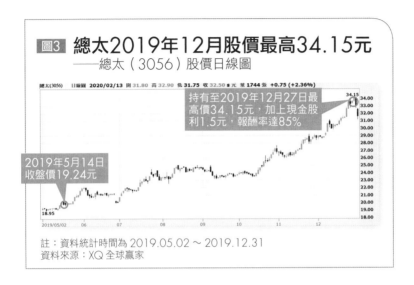

圖3 **總太2019年12月股價最高34.15元**
——總太（3056）股價日線圖

總太(3056)　日線圖　**2020/02/13** 開 31.80 高 32.90 低 **31.75** 收 32.50 § 元　量 **1744** 張 +0.75 (+2.36%)

持有至2019年12月27日最高價34.15元，加上現金股利1.5元，報酬率達85%

2019年5月14日收盤價19.24元

註：資料統計時間為 2019.05.02 ～ 2019.12.31
資料來源：XQ 全球贏家

　　由於「總太 2020 一期」建案已於 2019 年上半年完銷，因此馬上又於下半年推出「總太 2020 二期聚作」建案，一樣賣得很快，之後旁邊還會再蓋三期與四期。

　　從地理位置來看，由於台中的北邊是苗栗縣，東邊是南投縣，南邊是彰化縣與雲林縣，全是「農業縣」，年輕人不易就業。彰化縣雖然人口有 130 萬人，但是連一家百貨公司都沒有，經濟比較不發達。如果中部的年輕人想找工作，又不想離家太遠跑到台北，首選就是台中市。但現在

房價高漲，年輕人買不起房子，目前台中房價最親民的地區就是北屯區。加上捷運通車的利多，有利於帶動台中捷運鄰近地區的房價上漲。

　若「聚作」建案完銷，總太的每股淨值將上升 8.47 元。且總太之後於 2020 年還會陸續推出三期與四期，由於地點佳，交通便利，公共設施完善，完銷的機率非常高。若真的順利完銷，總太的每股淨值將持續上升。

　就目前績效來看，總太 2019 年 5 月 14 日的收盤價為 19.25 元，到 2019 年 12 月 27 日最高價為 34.15 元，加上每股現金股利 1.5 元，可算出持有 227 天，報酬率為 85%（＝（（34.15 ＋ 1.5）÷19.25 － 1）×100%），年化報酬率 169%（＝（85% ＋ 1）^（365÷227）－ 1，詳見圖 3）。

2-7 樂揚（2599）》 受負面新聞衝擊　股價偏低

　　樂揚建設（簡稱樂揚，股票代號 2599）成立於 1993 年，前身為「喜揚建設有限公司」，以委託營造廠商興建國民住宅出租、出售為主要業務。

　　上網搜尋「樂揚建設」以後，可以發現很多與「台北市士林區文林苑都市更新計畫」有關的新聞。樂揚建設是文林苑都市更新計畫的實施者，時任台北市市長郝龍斌先生，依法拆除原建築物，導致上街抗議。反對戶曾提起 10 次訴訟，但是皆為敗訴，最後與樂揚建設達成和解。期間樂揚建設並無任何違法行為，因此我將這次事件認定為政治議題。

　　2015 年，樂揚建設副總經理鄒雪娥（董事長段幼龍的

妻子）捲入前新北市副市長許志堅都更弊案，北檢指揮廉政署查出許志堅收受樂揚建設名錶的事證，裁定許志堅收押禁見，鄒雪娥也被判刑 6 個月。由於我曾經受樂揚邀請前往拜訪公司，經了解後我發現，其實鄒雪娥未有行賄的犯意。當時許志堅嫁女兒，樂揚建設的員工主動詢問是否需要送禮，鄒雪娥允諾後，員工就準備了名錶，但並未要求對價關係，所以我仍相信樂揚經營階層的誠信。

步驟 1》以營建股投資策略評分模型檢視基本面

　　我是在 2018 年 6 月 30 日開始關注樂揚的，之後更於 2018 年 7 月 8 日在臉書公開分享這一檔股票。就 2018 年 6 月 30 日的資訊來看，樂揚的每股淨值為 21.4 元，股價只有 16 元（2018 年 6 月 30 日未開盤，此為前一個交易日的最高價），相當便宜。而且，根據樂揚 2017 年第 4 季合併財報附註「存貨」在建房地的明細可以看出，2018 年「中山文華」建案完工，2019 年又有「然花苑」建案完工，持續挹注獲利（詳見表 1）。

　　又根據附註「三十、重大或有負債及未認列之合約承諾」

表1　2018、2019年樂揚陸續有建案完工
——樂揚（2599）在建房地明細

建案名稱	性質	預計完工年度（年）	土地成本（千元）	工程成本（千元）	合計（千元）
中山文華	都更	2018	325,741	608,242	933,983
然花苑	都更	2019	382,368	249,484	631,852
新莊海山	自建、合建	未定	212,560	805	213,365
長安賦三	自建、合建	未定	183,796	1,237	185,033
長春合江	都更	未定	84,476	1,712	86,218
其他	自建、合建	—	102,683	18,444	121,127
總計			1,291,624	879,954	2,171,578

註：資料統計時間為 2017.12.31
資料來源：樂揚 2017.Q4 合併財報

的資訊可看出，合併公司（即樂揚）與客戶簽訂之房地預售契約總價（含稅）為 15 億 5,632 萬 7,000 元，尚未收取之價款（含稅）為 10 億 5,860 萬 2,000 元，將兩者相減可算出已收到款項的部分為 4 億 9,772 萬 5,000元（＝15 億 5,632 萬 7,000－10 億 5,860 萬 2,000）。

　　算出的數值與附註「預收款項」帳列預收房地款 4 億 9,147 萬 4,000 元有些許差異，差異金額為營業稅 625

萬 1,000 元（＝ 4 億 9,772 萬 5,000 － 4 億 9,147 萬 4,000）。

由於樂揚的預售屋在 2017 年年底已經賣出 15 億 5,632 萬 7,000 元，賣得非常好，加上樂揚的股價低於淨值，且未來公司將有大額建案完工，而且建案的預售屋都賣出去了，此時買進，投資風險相對較低。

若以「丁彥鈞營建股投資策略評分模型」評估，樂揚 2018 年 7 月 8 日的得分是 64 分。其中「穩定性」面向獲得 18 分的高分，代表樂揚具定存股的特性（詳見表 2）。

不過要注意的是，樂揚僅是興櫃公司，資本額約 10 億 6 萬 2,000 元，規模不大，缺乏法人的關注。少了外資、投信、媒體的監督，能取得的資訊比較少，投資人就必須自己多做功課。

步驟 2》預估建案未來每股獲利

各建案的獲利，要先估營業收入，再估營業成本。將營

表2 **樂揚的營建股投資策略總分為64分**
——樂揚（2599）之丁彥鈞營建股投資策略評分模型

面向	項目	權重 （分）	得分 （分）	總分 （分）
成長性	與建案銷售有關的合約負債	5	5	12
	與建案銷售有關的未認列合約承諾	5	5	
	與建案銷售有關的每股未認列合約承諾	10	2	
獲利性	毛利率	10	6	8
	營業淨利率	10	2	
穩定性	營業活動現金流量	5	3	18
	營業淨利	5	5	
	本期淨利	5	5	
	現金股利	5	5	
安全性	滯銷率	10	8	8
價值性	每股潛在獲利	10	2	18
	股價淨值比	20	16	
合計				64

註：資料統計時間為 2018.07.08；得分標準詳見 2-1

業收入扣除營業成本，就可以算出營業毛利。下面以「中山文華」建案為例：

①**營業收入**：營業收入的部分，先上網搜尋相關新聞，

發現報載「中山文華」建案總銷金額 20 億元。但是新聞資料僅供參考，不能完全採信。因此，必須再自行驗算，總銷金額是否確實為 20 億元。

　　為了確認總銷金額，實際到 591 房屋交易網搜尋「中山文華」建案，可以發現該建案位於「台北市大同區承德路二段 69 號」，每坪售價在 110 萬元～ 120 萬元之間，格局規畫有 2 房（28.8 坪）、3 房（45 ～ 48 坪）與 4 房（63 坪）。每坪售價旁邊有一段灰色的小字，大概是故意弄得很小，讓大家看不清楚，如此刻意規避，居心叵測，應該就是重點了，內容為「高於區域 25.4%」。

　　接著，我們從網頁中的「建案詳情」可以得知，「中山文華」建案的建材為「RC 鋼筋混凝土」（詳見註 1），實在是不懂為什麼售價會比區域行情高。該建案有 60 戶住戶，1 樓有 3 戶店面，地上共有 18 層樓。平面車位有 45 個，機械式車位有 21 個，合計共 66 個車位。

　　確認完 591 房屋交易網的數據以後，接著我們可以查詢該建案實價登錄的價格。我們可以透過內政部不動產交易

實價查詢服務網的網站，輸入「中山文華」建案的地址。特別注意的是，該網站搜尋範圍無法詳細到門牌號碼，但是我們可以從交易資料明細中看出端倪。

以「中山文華」建案 2 房格局為例，從 591 房屋交易網可知，2 房坪數約為 28.8 坪，故在移轉總面積處輸入「28 ～ 29 坪」（查詢方式詳見 1-8）。

圖 1 的資料顯示，第 1 筆、第 2 筆資料的樓層、格局、屋齡各項數據均吻合，推論皆為「中山文華」建案。將所有符合「中山文華」建案條件的資訊找出來，當時一共有 7 筆，觀察一下每坪單價，分別為 87.9 萬元、89.8 萬元、92.5 萬元、87.5 萬元、90.8 萬元、89.8 萬元和 87.9 萬元，實際成交價格每坪在 90 萬元左右，遠遠低於 591 房屋交易網所揭露的每坪「110 萬元～ 120 萬元」。

前面有提到，591 房屋交易網在每坪售價旁邊用小字標

註 1：以鋼筋加上混凝土興建，為台灣最常用的結構，一般來說，建造成本較 SC 鋼骨或 SRC 鋼骨鋼筋混凝土低。

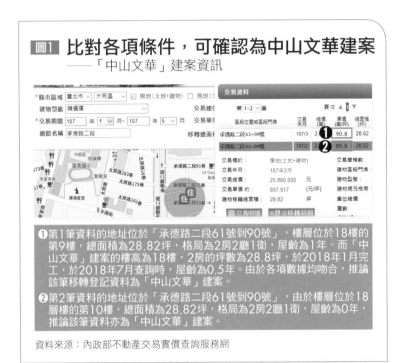

圖1 比對各項條件，可確認為中山文華建案
——「中山文華」建案資訊

❶第1筆資料的地址位於「承德路二段61號到90號」，樓層位於18樓的第9樓，總面積為28.82坪，格局為2房2廳1衛，屋齡為1年。而「中山文華」建案的樓高為18樓，2房的坪數為28.8坪，於2018年1月完工，於2018年7月查詢時，屋齡為0.5年。由於各項數據均吻合，推論該筆移轉登記資料為「中山文華」建案。

❷第2筆資料的地址位於「承德路二段61號到90號」，由於樓層位於18層樓的第10樓，總面積為28.82坪，格局為2房2廳1衛，屋齡為0年，推論該筆資料亦為「中山文華」建案。

資料來源：內政部不動產交易實價查詢服務網

示「高於區域 25.4%」，也就是「中山文華」建案的實際成交價格，低於 591 房屋交易網所公布的價格。因此，我們可以將 591 房屋交易網公布的每坪售價除以 1.254（＝1 ＋ 25.4%），即可算出實際成交價位應該位在「87 萬7,000 元～ 95 萬 7,000 元」這段區間。

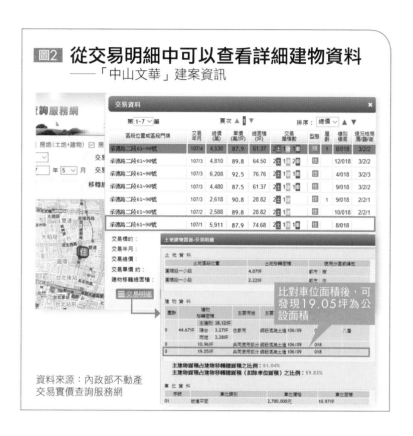

圖2 從交易明細中可以查看詳細建物資料
——「中山文華」建案資訊

資料來源：內政部不動產
交易實價查詢服務網

　　若要粗估，則以每坪實際成交價格計算即可。可是，內政部不動產交易實價查詢服務網中實價登錄的每坪售價，包含房子和車位。一般來說，房子的價格比車位貴，我們可以從交易明細中，得到該建案的詳細資訊。

表3 扣除車位售價，即可算出不含車位房價

編號	含公設、車位			車位
	總價 （萬元）	總面積 （坪）	每坪單價 （萬元）	售價 （萬元）
1	4,530	61.37	87.9	255
2	4,810	64.50	89.8	440
3	6,208	76.76	92.5	285
4	4,480	61.37	87.5	225
5	2,618	28.82	90.8	N/A
6	2,588	28.82	89.8	N/A
7	5,911	74.68	87.9	270

註：N/A 表示無資料

　　若以圖 2 成交總價 5,911 萬元的交易為例，點選「交易明細」選項後，從「建物資料」中，可以發現住家用面積為「44.67 坪」，公設面積為「19.05 坪」，停車位面積為「10.96 坪」。從「車位資料」的資訊中，也可以發現「車位面積」為「10.97 坪」，相差 0.01 坪為尾差。

　　將內政部不動產交易實價查詢服務網揭露的資訊整理成表 3，則可以計算出不含車位的每坪單價。為了簡化計算，

—— 「中山文華」建案資訊

坪數 （坪）	售價 （萬元）	含公設、不含車位	
		坪數 （坪）	每坪單價 （萬元）
12.72	4,275	48.65	87.9
15.80	4,370	48.70	89.7
12.72	5,923	64.04	92.5
12.72	4,255	48.65	87.5
N/A	2,618	28.82	90.8
N/A	2,588	28.82	89.8
10.97	5,641	63.71	88.5

資料來源：內政部不動產交易實價查詢服務網

千元以下採四捨五入計算。

　以編號 7 為例，從圖 2 可知，該建案總價 5,911 萬元，總面積 74.68 坪，每坪售價 87 萬 9,000 元。車位價格 270 萬元，車位坪數 10.97 坪。將建案總價扣除車位價格，可以算出不含車位售價為 5,641 萬元（＝5,911 萬－270 萬），將總面積扣除車位坪數，可以算出不含車位坪數為 63.71 坪（＝74.68 － 10.97）。將不含車位售價

除以不含車位坪數，可以算出不含車位每坪單價為 88 萬 5,000 元（＝ 5,641 萬 ÷63.71），比含車位的每坪單價 87 萬 9,000 元還高一些。

經詢問現場銷售人員後得知，「中山文華」建案 2 房的戶數為 12 戶，3 房的戶數為 28 戶，4 房的戶數為 20 戶。由於此建案為都更案，必須分配給原住戶，當時僅知道都更戶有 21 戶，但不知道都更戶分配到的格局是哪種，故先假設 2 房、3 房、4 房各分配 7 戶給都更戶，且每位都更戶都配有 1 個車位。

如此一來，樂揚建設實際可以銷售的 2 房數量只剩 5 戶（＝ 12 － 7）。假設每坪以 90 萬元的整數進行估計，2 房的坪數為 28.8 坪，每戶的售價是 2,592 萬元（＝ 90 萬 ×28.8）。再將該數值乘以 5 戶，可以算出 2 房的總銷金額為 1 億 2,960 萬元（＝ 2,592 萬 ×5）。

依此類推，可估算出 3 房、4 房和車位的總銷金額，分別為 9 億 720 萬元、7 億 3,710 萬元和 1 億 800 萬元（詳見表 4）。將 2 房、3 房、4 房、車位的總銷金額加總，

表4 推估中山文華建案總銷金額逾18億元
——「中山文華」建案資訊

格局	總戶數（戶）	都更戶分配戶數（戶）	可售戶數（戶）	坪數（坪）	每坪單價（萬元）	單戶售價（萬元）	合計（萬元）
2房	12	7	5	28.8	90	2,592	12,960
3房	28	7	21	48.0	90	4,320	90,720
4房	20	7	13	63.0	90	5,670	73,710
車位	66	21	45	12.0	20	240	10,800
總銷金額							188,190

註：都更戶分配戶數為作者自行估計；由於店面是分配給原住戶，故不納入總銷金額的計算
資料來源：591房屋交易網、內政部不動產交易實價查詢服務網

可以得出「中山文華」建案的總銷金額為18億8,190萬元（＝1億2,960萬＋9億720萬＋7億3,710萬＋1億800萬），接近新聞報導的20億元。

　　由於店面是分配給原住戶，故不納入總銷金額的計算。而都更戶的分配房型為自行估計，以及每坪售價也只是抓個合理數字，實際總銷金額與預期結果可能會存在誤差。由於樂揚為興櫃公司，依規定只須半年公布一次財報，因此當2018年第2季合併報表公布後，可以用新的資訊去

表5　**樂揚2018年Q2僅2建案有房地銷售收入**
──樂揚（2599）收入資訊

項目		金額（千元）
房地銷售收入	中山文華	1,172,271
	文林苑	59,569
委建收入		6,099
不動產租金收入		2,982
總計		1,240,921

註：資料統計時間為 2018.01.01 ～ 2018.06.30
資料來源：樂揚 2018.Q2 合併財報

驗證過去的假設，修正後再對未來獲利重新進行估計。

　　依據 2018 年第二季合併報表附註「二一、收入」的資訊可以發現，樂揚建設 2018 年房地銷售收入只有「中山文華」（11 億 7,227 萬 1,000 元）和「文林苑」（5,956 萬 9,000 元）2 個建案（詳見表 5）。

　　接著，從附註「九、存貨」項下的「（一）待售房地淨額」可以發現，「中山文華」為 2018 年完工的新建案，故而

表6	文林苑存貨減少逾4000萬元

——樂揚（2599）存貨資訊

建案名稱	金額（千元）	
	2018.06.30	2017.12.31
中山文華	360,394	－
文林苑	163,688	204,170
士林華岡	7,292	7,292
水鋼琴	6,282	6,282
長安賦	1,867	1,867
總計	539,523	219,611

資料來源：樂揚 2018.Q2 合併財報

我們可以從「文林苑」建案反推「中山文華」建案的營業
成本。

　比較 2018 年 6 月 30 日與 2017 年 12 月 31 日的存
貨金額可以發現，「文林苑」建案的金額，從 2 億 417 萬
元降為 1 億 6,368 萬 8,000 元（詳見表 6）。兩者金額
相差 4,048 萬 2,000 元（＝ 2 億 417 萬－ 1 億 6,368
萬 8,000），代表文林苑於 2018 年上半年賣出去 1 戶，
建商的成本為 4,048 萬 2,000 元。

　　從合併綜合損益表中可知，樂揚的營業成本總額為 7 億 2,997 萬 9,000 元。由於截至 2018 年 6 月 30 日，樂揚僅有「中山文華」和「文林苑」2 個建案，故而將營業成本總額減去「文林苑」建案的營業成本後，即可算出「中山文華」建案的營業成本為 6 億 8,949 萬 7,000 元（＝7 億 2,997 萬 9,000 － 4,048 萬 2,000）。

　　將「中山文華」建案 2018 年上半年的營業收入扣除營業成本以後，可以推算出 2018 年上半年營業毛利為 4 億 8,277 萬 4,000 元（＝ 11 億 7,227 萬 1,000 － 6 億 8,949 萬 7,000）。再將營業毛利除以營業收入，可以算出毛利率為 41.18%（＝ 4 億 8,277 萬 4,000÷11 億 7,227 萬 1,000×100%）。

　　②**營業成本**：綜觀前述資訊可知，截至 2018 年 6 月 30 日止，「中山文華」建案有一部分已經賣出去了，一部分還賣不出去，留在帳上。

　　已經賣出去的部分，轉列「營業成本」，金額為 6 億 8,949 萬 7,000 元。還沒賣出去的部分，帳列期末「九、

存貨」項下「（一）待售房地淨額」中的「待售房地」，
金額為 3 億 6,039 萬 4,000 元。將兩者相加可算出「中
山文華」建案的總成本為 10 億 4,989 萬 1,000 元（＝
6 億 8,949 萬 7,000 ＋ 3 億 6,039 萬 4,000）。

將「中山文華」建案的總成本除以「1 －毛利率」，可
以推估出「中山文華」建案的總銷金額為 17 億 8,492
萬 2,000 元（ ＝ 10 億 4,989 萬 1,000 元 ÷（1 －
41.18%）），比當初預估的 18 億 8,190 萬元少一些。

雖然預測的數值沒有完全預測正確，但是只要抓到大方
向，還是可以在股市中低買高賣賺取獲利。

算出建案的總銷金額之後，接著就可以推估未來的 EPS。
從表 1 可以看出，接下來樂揚的建案主要有兩個，一個是
預計於 2018 年完工的「中山文華」建案，另一個是預計
於 2019 年完工的「然花苑」建案。

一開始我估計，「中山文華」建案可以貢獻 EPS 5 元，
「然花苑」建案可以貢獻 EPS 6 元。但隨著新資訊的取得，

我不斷修改預測，後來確定「中山文華」建案與「然花苑」建案都可以貢獻 EPS 4 元以上。

步驟 3》以每股淨值＋未來每股獲利折現值估價

雖然我一開始沒有設定樂揚的目標價，但如果用樂揚的淨值 21.4 元，並利用現金股利折現模型，兩個建案都用最保守的 EPS 4 元來計算，則樂揚每股約有 28.88 元的價值，計算式如下：

$$P=21.4+4+\frac{4}{1+15\%}$$

$$P=21.4+4+3.48=28.88$$

我於 2018 年 7 月 8 日推薦樂揚（當天未開盤，故以前一個交易日的收盤價 16.05 元計算），持有到 2019 年 7 月 25 日最高價 22.08 元，加上每股現金股利 2 元，可算出持有 382 天，報酬率為 50%（＝（（22.08 ＋ 2）÷16.05 － 1）×100%），年化報酬率 47%（＝（50%

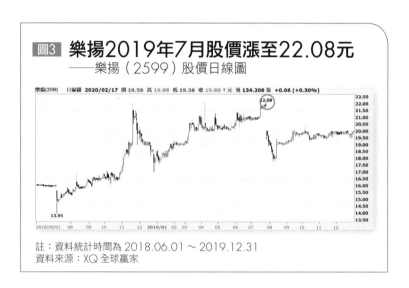

圖3 **樂揚2019年7月股價漲至22.08元**
——樂揚（2599）股價日線圖

註：資料統計時間為 2018.06.01 ～ 2019.12.31
資料來源：XQ 全球贏家

＋1）＾（365÷382）－1，詳見圖3）。

　　之後樂揚於 2019 年 7 月 26 日發放現金股利 2.5 元，以及股票股利 0.01 元（以面額 10 元來看，等於每股配發 0.001 股）。雖然就股價線圖來看，股價是下跌的，但是還原權息之後，股價約為 22.52 元（＝ 20×1.001 ＋ 2.5），較前 1 天上漲。

　　由於樂揚僅是興櫃公司，流動性風險較高，加上受到文

林苑都更案等負面新聞影響，股價難免被低估，尚未到達目標價。然而，樂揚目前有上櫃的計畫，待上櫃後流動性增加，加上未來獲利不錯，管理階層的道德操守又值得信任，適合長期投資。但是短線上來說，當「然花苑」建案入帳後，樂揚的業績就進入空窗期，此時買進比較難賺到資本利得。

2-8 華固（2548）》
專走精品路線 單價、毛利率高

　　華固建設（簡稱華固，股票代號 2548）成立於 1989 年，從台北內湖科學園區興建商辦起家，和遠雄（5522）與長虹（5534）並稱「產辦三雄」。後來華固在大台北精華地段興建豪宅，走「精品」路線，單價較高，毛利率也較高。

　　華固建設為營建股中的績優生，自 2000 年以來，不但每年賺錢，還每年發放現金股利，故而有些人將華固視為定存股。由於華固的建案集中在 2019 年完工交屋，使得 2019 年華固的股價超越長虹，搶下營建股股王的位置。

　　由於華固對房地產景氣的看法轉趨保守，2020 年暫停在雙北以外地區推案，且以商辦為主，減少住宅的推案量。

步驟 1》以營建股投資策略評分模型檢視基本面

　　我是在 2018 年 12 月 20 日關注到華固的，若以「丁彥鈞營建股投資策略評分模型」來評估，華固當天的得分是 72 分。其中「成長性」面向獲得 20 分的滿分，代表 2019 年華固的獲利有機會大幅成長（詳見表 1）。

　　當時最近期的財報為 2018 年第 3 季合併財報，根據附註「六、重要會計項目之說明」項下「（十六）營業收入」中的資訊可知，截至 2018 年 9 月 30 日，華固的「未認列合約承諾」金額高達 189 億 877 萬 5,000 元，除以股數 2 億 7,681 萬 3,000 股，可以算出未來的每股營收有 68.3 元（＝ 189 億 877 萬 5,000÷2 億 7,681 萬 3,000）。再以過去 3 年平均的營業淨利率 26% 計算，已售出建案將貢獻每股稅前獲利 14.35 元。

　　在穩定性方面，華固也拿了 18 分的高分，代表未來即使股價沒漲，投資人每年也有機會領到穩定的股利，投資風險不高。另外，雖然華固的安全性是 0 分，但那是因為豪宅較難賣的原因，沒有太大影響。

表1 **華固的營建股投資策略總分為72分**
——華固（2548）之丁彥鈞營建股投資策略評分模型

面向	項目	權重（分）	得分（分）	總分（分）
成長性	與建案銷售有關的合約負債	5	5	20
	與建案銷售有關的未認列合約承諾	5	5	
	與建案銷售有關的每股未認列合約承諾	10	10	
獲利性	毛利率	10	6	14
	營業淨利率	10	8	
穩定性	營業活動現金流量	5	3	18
	營業淨利	5	5	
	本期淨利	5	5	
	現金股利	5	5	
安全性	滯銷率	10	0	0
價值性	每股潛在獲利	10	10	20
	股價淨值比	20	10	
合計				72

註：資料統計時間為 2018.12.20；得分標準詳見 2-1

步驟 2》預估建案未來每股獲利

確認華固是可投資的標的之後，可以進一步研究該檔股票。依據華固於 2018 年 12 月的法説會資料（詳見表 2、

表3），以及法説會上的內容，可以預估各建案的每股盈餘（EPS）。

華固於法説會中表示，2019 年已售建案的營收為 150 億元，平均毛利率在 26% ～ 28% 之間，營業淨利率為 22% 左右。由於土地交易部分是繳土地增值税，房屋交易部分是繳營利事業所得税，故税率會接近 15% ～ 16%。

至於各建案的 EPS 如何估計？最簡單的方法，就是每個建案都用 22% 的營業淨利率下去估計，這樣的方法雖然不會很準確，但仍然可以抓到大方向。

軍訓課有教過，作戰時需要用到戰略、戰術、戰技。「戰略」是指達成目標的方法，「戰術」是執行目標的手段，「戰技」是指士兵的能力。

投資如同作戰，目標是為了賺取獲利，只要「戰略」正確，掌握住大方向，在建案完工前買進，完工後賣出，一點點的估計誤差其實不太重要。就像東吳在赤壁之戰，有了東風的幫助，1、2 個士兵的箭法不準，其實無關成敗。曹操

表2 華固建案分為成屋、預售屋、建構中3類

——華固（2548）建案資訊表

類別	建案名稱	產品	基地面積（坪）	總銷面積（坪）	待售金額（億元）	銷售率（%）
成屋個案	華固華城	住	—	—	0.6	—
	華固天鑄	住	—	—	65.8	—
	華固新天地	住＋辦	—	—	23.9	—
	沙河灣（中國）	住＋商	—	—	1.3	—
	華固一品（中國）	住＋商	—	—	7.7	—
預售屋推案	華固新代田	住	—	8,900	42	60～65
	華固名鑄	住	—	3,500	80	90～100
	華固樂慕	住	—	5,000	50	100
	碧湖天	住	—	2,200	20	100
	華固敦品	住＋辦	—	2,300	50	30～35
建構中	華固亞太置地	辦	1,880	7,700	80	—
	華固翡儷	住	830	5,200	47	—
	潭美辦公案	辦	962	5,000	33	—
	江翠案	住	1,168	6,800	42	—
	潭美住宅案	住	1,654	6,900	62	—
	承德路案	辦	898	2,500	16	—
	學府案	住	547	2,200	32	—
	信義光復案	住＋商	1,450	2,800	42	—
	三多案	住	1,118	17,000	60	—

資料來源：華固 2018 年法說會資料

百萬大軍的技能再強，只要戰略錯誤，一樣被擊潰。

　由於我對營建股較熟悉，所以我會將各個建案依不同特質進行假設：

1. 成屋

　成屋部分可以使用華固前幾年度的法說會資訊去估計。

　「華固華城」建案已售出 98%，無法再貢獻獲利，可以直接省略不看。

　「華固天鑄」建案雖然是豪宅，照理來說毛利率比較高，可是「華固天鑄」建案於 2016 年 9 月完工，過了 2 年，到了 2018 年 12 月，總銷金額 138 億元只賣了一半，推測之後為了去化餘屋，可能會降價求售，因此毛利率估 25%（詳見表 4）。

　餘屋導致資金積壓，必須負擔利息費用、房屋稅與地價稅等，因此營業費用率估計為營收的 10%，所得稅稅率以 15% 計算。

表3 **碧湖天在工程初期即開始推案**
——華固（2548）建案時程表

建案	總銷金額（億元）	2018年	2019年	2020年	2021年	2022年	2023年
華固名鑄	80						
華固樂慕	50						
華固新代田	42						
華固亞太置地	80						
碧湖天	20						
華固敦品	50						
潭美辦公案	33						
承德路案	16						
華固翡儷	47						
潭美住宅案	62						
江翠案	42						
學府案	32						
信義光復案	42						
當年新推案金額（億元）		70	109	196	49		
當年新完工金額（億元）			172	80	119	109	116

註：黃色為工程期，斜線為推案期
資料來源：華固 2018 年法說會資料

「華固新天地」建案也已售出 8 成，以 24% 的毛利率粗估獲利即可，不需要算得太精細。因為此建案於 2015 年年底完工，餘屋會產生其他成本，故而營業費用率也用

10% 估算，所得稅稅率用 15% 計算。

　而中國成都地區的兩個建案（華固一品和沙河灣），獲利狀況並不理想，因此估計獲利為 0。

2. 預售屋推案

　「華固新代田」建案位於新北市土城，毛利率稍微低一些，估 25%。「華固名鑄」建案為上億元的豪宅，一般來說，毛利率會比較高，因此估 32%，比平均值高一些。「華固樂慕」建案則估 26%。這個比率雖然比較主觀，但不會影響到大方向。「碧湖天」建案的毛利率估計為 29%，「華固敦品」建案的毛利率估計為 26.5%（詳見表 5）。

　為簡化估計，假設預售屋推案部分，營業費用率皆為總銷金額的 7%，所得稅稅率皆為 15%。

3. 建構中

　「華固亞太置地」為辦公室，毛利率會比較高，估計有 30%。「潭美辦公室」和「承德路案」也同樣都是辦公室，在上一本書《會計師低價存股術 用一張表存到 1300 萬》

表4 位於中國的建案獲利不理想，預估為0元
——華固（2548）成屋預估獲利計算表

建案	華固天鑄	華固新天地	沙河灣	華固一品
地區	台北市士林區	台北市文山區	中國成都市	中國成都市
總銷金額（千元）	13,800,000	12,000,000	3,000,000	2,300,000
待售金額（千元）	6,580,000	2,390,000	130,000	770,000
估計毛利率（%）	25	24	0	0
營業毛利（千元）	1,645,000	573,600	0	0
營業費用率（%）	10	10	7	7
營業費用（千元）	658,000	239,000	0	0
營業利益（千元）	987,000	334,600	0	0
所得稅費用（千元）	148,050	50,190	0	0
稅後淨利（千元）	838,950	284,410	0	0
EPS（元）	3.03	1.03	0	0
已銷售率（%）	52	80	96	67

註：1. 千元以下採四捨五入計算；2.「華固華城」建案已售出98%，無法再貢獻獲利，故未列於表中；3. 中國成都地區的建案（華固一品和沙河灣），獲利狀況並不理想，因此估計獲利為0；4. 所得稅率以15%計；5. 股數為2億7萬6,813股
資料來源：華固季報、年報和2018年法說會資料

表5 華固名鑄建案為豪宅，預估毛利率可達32%

建案	華固新代田	華固名鑄	
地區	新北市土城區	台北市敦化北路	
總銷金額（千元）	4,200,000	8,000,000	
估計毛利率（%）	25.0	32.0	
營業毛利（千元）	1,050,000	2,560,000	
營業費用（千元）	294,000	560,000	
營業利益（千元）	756,000	2,000,000	
所得稅費用（千元）	113,400	300,000	
稅後淨利（千元）	642,600	1,700,000	
EPS（元）	2.32	6.14	
已銷售率（%）	60	90	
可認列EPS（元）	1.39	5.53	

註：1. 千元以下採四捨五入計算；2. 營業費用率以7%計算；3. 所得稅率以15%計；
　　4. 股數為2億7,681萬3,000股

裡，因為估計比較保守，是用毛利率25%估算，此處改用
30%估算。而其他建構中的建案，毛利率皆假設為25%（詳
見表6）。

　　為簡化估計，假設建構中建案的營業費用率皆為總銷金
額的7%，所得稅稅率皆為20%。

——華固（2548）預售屋預估獲利計算表

華固樂慕	碧湖天	華固敦品
台北市中山區	台北市內湖區	台北市松山區
5,000,000	2,000,000	5,000,000
26.0	29.0	26.5
1,300,000	580,000	1,325,000
350,000	140,000	350,000
950,000	440,000	975,000
142,500	66,000	146,250
807,500	374,000	828,750
2.92	1.35	2.99
100	100	33
2.92	1.35	0.99

資料來源：華固季報、年報和 2018 年法說會資料

　　從表4、表5、表6可以知道，華固自2019年開始，成屋推案和預售屋推案未來5年的EPS分別為12.24元、3.2元、3.35元、0.99元、0元；建構中建案未來5年的EPS分別為0元、4.32元、3.19元、8.91元、3.84元。合計未來5年的EPS為12.24元、7.52元、6.54元、9.9元、3.84元（詳見表7）。

表6　華固的商辦建案毛利率皆估30%

建案	華固亞太置地	華固斐儷	潭美辦公案	江翠案	
地區	台北市 中山區	台北市 北投區	台北市 內湖區	新北市 板橋區	
總銷金額 （千元）	8,000,000	4,700,000	3,300,000	4,200,000	
估計毛利率 （%）	30	25	30	25	
營業毛利 （千元）	2,400,000	1,175,000	990,000	1,050,000	
營業費用 （千元）	560,000	329,000	231,000	294,000	
營業利益 （千元）	1,840,000	846,000	759,000	756,000	
所得稅費用 （千元）	368,000	169,200	151,800	151,200	
稅後淨利 （千元）	1,472,000	676,800	607,200	604,800	
EPS（元）	5.32	2.44	2.19	2.18	

註：1. 千元以下採四捨五入計算；2. 由於華固雙北以外的建案已經停止推案，故位於
高雄市的三多案未列入表中；3. 營業費用率以7%計算；4. 所得稅率以20%計；

──華固（2548）建構中建案預估獲利計算表

潭美住宅案	承德路案	學府案	信義光復案
台北市 內湖區	台北市 北投區	台北市 大安區	台北市 信義區
6,200,000	1,600,000	3,200,000	4,200,000
25	30	25	25
1,550,000	480,000	800,000	1,050,000
434,000	112,000	224,000	294,000
1,116,000	368,000	576,000	756,000
223,200	73,600	115,200	151,200
892,800	294,400	460,800	604,800
3.23	1.06	1.66	2.18

5. 股數為 2 億 7,681 萬 3,000 股
資料來源：華固季報、年報和 2018 年法説會資料

步驟 3》以每股淨值＋未來每股獲利折現值估價

當時華固的每股淨值為 53.01 元，加上 2018 年第 4 季的 EPS 1 元，加上未來每年現金流量，使用 15% 的折現率折現，華固的價值有 82.05 元。計算式如下：

$$P=53.01+1+\frac{12.24}{(1+15\%)^1}+\frac{7.52}{(1+15\%)^2}+\frac{6.59}{(1+15\%)^3}$$
$$+\frac{7.67}{(1+15\%)^4}+\frac{6.02}{(1+15\%)^5}$$
$$P=53.01+1+10.64+5.69+4.33+4.39+2.99=82.05$$

我自己是於 2018 年 12 月 20 日開始買進華固的股票，當天的收盤價為 65.4 元，並於臉書上公告，預計於 80 元時賣出。

依據建案的完工時程，當時已知道 2017 年的 EPS 為 7.87 元，估計 2018 年的 EPS 為 3 元（前 3 季賺 2 元，第 4 季認列 1 元），而 2019 年的 EPS 可能達到 12.24 元。這一類型的景氣循環股，應該是要在獲利低的時候買進，

表7 **華固建案2020年可認列EPS 7.52元**
──華固（2548）建案EPS認列時程表

建案名稱	2019	2020	2021	2022	2023
華固天鑄	1.58	1.45	—	—	—
華固新天地	0.82	0.21	—	—	—
華固新代田	1.39	0.93	—	—	—
華固名鑄	5.53	0.61	—	—	—
華固樂慕	2.92	—	—	—	—
碧湖天	—	—	1.35	—	—
華固敦品	—	—	0.99	2.00	—
華固亞太置地	—	4.32	1.00	—	—
華固斐儷	—	—	—	2.44	—
潭美辦公案	—	—	2.19	—	—
江翠案	—	—	—	—	2.18
潭美住宅案	—	—	—	3.23	—
承德路	—	—	1.06	—	—
學府案	—	—	—	—	1.66
信義光復案	—	—	—	—	2.18
合計	12.24	7.52	6.59	7.67	6.02

註：單位為元

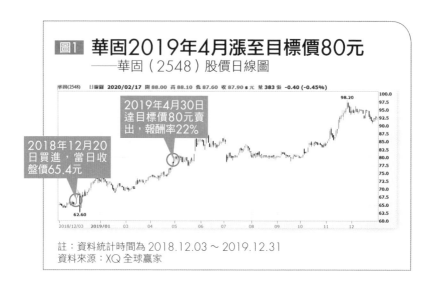

圖1 **華固2019年4月漲至目標價80元**
——華固（2548）股價日線圖

註：資料統計時間為 2018.12.03 ～ 2019.12.31
資料來源：XQ 全球贏家

獲利高的時候賣出。因此我選擇在 2018 年年底的時候，
獲利較低時買進，來降低持有成本。

而 2019 年華固的各建案也如期完工交屋，入帳認列獲
利，股價也跟著往上漲。經過 4 個多月，華固的股價於
2019 年 4 月 30 日就達到我設定的目標價 80 元（詳見
圖 1），依照紀律獲利了結，持有 131 天，報酬率共 22%
（＝（80÷65.4 － 1）×100%），年化報酬率 75%（＝
（22% ＋ 1）^（365÷131）－ 1）。

　　賣出持股後，華固的股價於 2019 年 11 月 26 日來到 98.2 元的最高點，加上當年度發放每股 5 元的現金股利，持有至最高點的天數為 341 天，報酬率 58%（＝（（98.2 ＋ 5）÷65.4 － 1）×100%），年化報酬率 63%（＝（58% ＋ 1）＾（365÷341）－ 1）。

　　一般的散戶喜歡在獲利高的時候買進，如果在 2019 年才買進，此時雖然獲利高，但股價也較高。如果 2020 年的 EPS 如預期只賺 7.52 元，和 2019 年相比是呈現衰退的趨勢，可能就賺不到資本利得。

2-9 宏盛（2534）》
獲利超出市場預期　股價翻倍漲

　　宏盛建設股份有限公司（簡稱宏盛，股票代碼 2534）成立於 1986 年，以興建公寓及住宅大樓為主力，於 1996 年在台灣掛牌上市。

　　宏盛位於台北市仁愛路的「帝寶」建案，由於地段絕佳，建築基地大又完整，加上原所在地為國民黨黨產的特殊背景，推案後吸引媒體大幅報導，成功吸引許多政商名流入住，成為豪宅的象徵，也成為宏盛的代表作。

　　2017 年 7 月 9 日《經濟日報》報導，「宏盛建設董座林祖郁在股東會上表示，今年公司兩大案相繼入帳，對後續業績樂觀以待；法人表示，兩大案（指宏盛新世界一期、宏盛新世界二期）可貢獻宏盛逾百億元營收，估計獲利逼

近一個股本⋯⋯林祖郁說,總銷 110 億元的『宏盛新世界二期』,6 月申請使照,預計 8 月拿到使照、10 月交屋,該案銷售率達 7 成,將是下半年主要業績來源⋯⋯」

看到這則報導以後,也不知道消息是真是假?所以先從由會計師簽證過,具有公信力的財報來驗證。

步驟 1》以營建股投資策略評分模型檢視基本面

翻開宏盛 2017 年第 2 季個別財報可以發現,2017 年 6 月 30 日,宏盛帳列的「預收房地款」(會計科目現改為「合約負債」)金額為 23 億 9,529 萬 9,000 元。

一般來說,預收款為總銷金額的 1 成到 2 成,以 2 成推算回去,宏盛已簽約但未交屋的合約金額至少有 119 億 7,649 萬 5,000 元(= 23 億 9,529 萬 9,000÷20%)。

看完財報以後,大家心裡一定會開始感到懷疑,宏盛的建案多在新北市淡水區,而淡水給人的印象是投資客很多、點燈率很低,整個淡海新市鎮像鬼城一樣,生活機能落後,

加上聯外道路交通擁擠，無高速公路舒緩車流，距離市中心遙遠等缺點，怎麼會賣得這麼好呢？

實際跑一趟建案現場就可以知道，「宏盛新世界二期」建案位於淡水漁人碼頭旁，有一條公司田溪從旁邊蜿蜒而過，風景優美。而且附近的便利商店愈來愈多，生活機能逐漸改善，對買不起市中心的小資族來說，非常有吸引力。

我是在 2017 年 8 月 25 日注意到宏盛的。與朋友討論過後，發現願意在淡水購屋的比率極低，對淡水後勢的房價也不看好。當我告知朋友我已經買進宏盛的股票時，大家都覺得我瘋了。甚至連《Smart 智富》月刊的工作人員，也建議我換一下標的，不要在雜誌上公開推薦宏盛。

然而，在投資學上，有一個著名的「擦鞋童理論」。意思是，如果連負責幫人擦皮鞋的幼童都在和你討論某檔股票時，代表這檔股票已經過熱，未來股價下跌的機率就很高。由於人的「從眾心態」，喜歡一窩蜂去追逐特定股票，導致股價超漲；相反地，當市場的氣氛過度悲觀時，也有可能導致股價超跌。

　　由於淡海新市鎮是大家口中的「鬼城」，經由媒體的報導，加上一般民眾對台灣整體房市的景氣感到悲觀，未來政府會持續出手打房，敢買進宏盛股票的人一定非常少，導致宏盛股價被低估。福無雙至，禍不單行，偏偏宏盛自2013年至2016年，營運處於空窗期，未有大額建案入帳，每股盈餘（EPS）分別為 -0.25元、-0.4元、0.68元、1.46元，財務表現不佳，導致股價持續處於低檔。

　　其實，股神巴菲特（Warren Buffett）曾經說過：「別人恐懼時貪婪，別人貪婪時恐懼。」市場的壞消息，就是投資人的好消息。因此，當我聽到朋友的看法，以及看到宏盛過去的經營績效以後，不但沒有覺得失望，反而感到非常開心。一家優質的公司，若市場上都一致看好，通常股價就已經漲上去了，若是在這個時候買進，由於持有成本過高，預期的報酬率就下降了。反而是像宏盛這種被看衰的公司，股價可能被市場低估，如果未來的獲利超過市場預期，股價反而有機會可以翻倍。

　　若以「丁彥鈞營建股投資策略評分模型」來評估，宏盛於2017年8月25日的得分是62分。其中「獲利性」

面向獲得 20 分的滿分，是因為宏盛過去 3 年（2014 年～2016 年）推的建案，毛利率都很高，平均有 49%。

步驟 **2**》預估建案未來每股獲利

2017 年下半年，宏盛即將完工交屋的大案就是「宏盛新世界二期」，依據新聞報導的內容，只知道當時已經賣了 7 成。但是要如何得知建案的毛利率呢？怎麼知道這個建案可以帶來多少獲利呢？

①**營業收入**：雖然前面提到的新聞內容表示，「宏盛新世界二期」建案的總銷金額為 110 億元，但記者通常是採用無條件進位估算，加上有時候建商會給予客戶讓價，故而我推測該建案的實際銷售金額可能位於 100 億元到 110 億元之間。

知道銷售金額以後，就可以開始推估 EPS。為了簡化計算，千元以下採四捨五入計算。

②**營業成本**：事前當然可以從土地的購買成本，加上房

表1 宏盛的營建股投資策略總分為62分
——宏盛（2534）之丁彥鈞營建股投資策略評分模型

面向	項目	權重 （分）	得分 （分）	總分 （分）
成長性	與建案銷售有關的合約負債	5	0	4
	與建案銷售有關的未認列合約承諾	5	0	
	與建案銷售有關的每股未認列合約承諾	10	4	
獲利性	毛利率	10	10	20
	營業淨利率	10	10	
穩定性	營業活動現金流量	5	0	10
	營業淨利	5	2	
	本期淨利	5	3	
	現金股利	5	5	
安全性	滯銷率	10	8	8
價值性	每股潛在獲利	10	10	20
	股價淨值比	20	10	
合計				62

註：資料統計時間為 2017.08.25；得分標準詳見 2-1

屋的建造成本來估計。但要注意的是，事前的估算可能會不準，不過也不用擔心，我們可以隨著時間的經過，當資訊愈來愈多時，再慢慢修正即可。如果用事後驗證的方式，就是直接看財務報表。

　　就事後驗證的角度來看，由宏盛 2017 年第 4 季個體財報的附註明細段，可以觀察各項目的明細。觀察宏盛「在建房地變動明細表」可得知，淡水區新市段（新 1，也就是「宏盛新世界二期」建案）的期初金額有 30 億 6,872萬 5,000 元。年底完工，重分類為待售房地，金額有 50億 9,648 萬 6,000 元（詳見表 2）。

　　接著，觀察附註「八、存貨──淨額」的「待售房地（一）」，宏盛新世界二期於 2017 年完工轉入，故2016 年 12 月 31 日的金額為「－」（詳見表 3）。

　　將表 2 和表 3 交叉比對後就可以知道，宏盛新世界二期的成本為 50 億 9,648 萬 6,000 元，於 2017 年完工轉入待售房地，由於有部分已賣出，故帳上金額僅剩下 43億 7,727 萬 3,000 元。

　　③**營業毛利**：若以營業收入 105 億元、營業成本 50 億9,648 萬 6,000 元計算，營業毛利為 54 億 351 萬 4,000元（＝ 105 億－ 50 億 9,648 萬 6,000），毛利率 51%（＝（54 億 351 萬 4,000÷105 億）×100%）。

表2 宏盛新世界二期成本逾50億元

——宏盛（2534）在建房地變動明細表

工程別	年初餘額（千元）	本年度增加／減少（千元）	重分類（千元）	年底餘額（千元）
新莊區副都心（都1）	976,465	-4,490	－	971,975
淡水區新市段（新1）	3,068,725	2,027,761	-5,096,486	－
淡水區新市段（新3）	1,952,462	1,448,254	－	3,400,716
淡水區新市段（海都2）	156,181	－	－	156,181
淡水區新市段（海都3）	334,157	－	－	334,157
淡水區公司田段（田245）	1,071,844	283,589	－	1,355,433
北投區三合段（奇1）	710,441	144,098	-854,539	－
北投區三合段（奇2）	1,121,041	185,120	－	1,306,161
北投區三合段（奇3）	65,105	31,233	－	96,338
中山區長春段	2,329,279	4,828	－	2,244,107
合計	11,695,700	4,120,393	-5,951,025	9,865,068

註：淡水區新市段（新1）即「宏盛新世界二期」建案、北投區三合段（奇1）即「宏盛得意山莊微風區」建案
資料來源：宏盛 2017.Q4 個體財報

④**營業費用**：若營業費用率以 5% 計算，營業費用約 5 億 2,500 萬元（＝ 105 億 ×5%）。

⑤**稅前淨利**：營業毛利減去營業費用後，可得出稅前淨利為 48 億 7,851 萬 4,000 元（＝ 54 億 351 萬 4,000 － 5 億 2,500 萬）。

⑥**所得稅費用**：所得稅的平均稅率以 3% 計算，可算出所得稅費用為 1 億 4,635 萬 5,000 元（＝ 48 億 7,851 萬 4,000×3%）。

⑦**稅後淨利**：將稅前淨利減去所得稅費用，可以算出稅後淨利為 47 億 3,215 萬 9,000 元（＝ 48 億 7,851 萬 4,000 － 1 億 4,635 萬 5,000）。

⑧**EPS**：最後，再將稅前淨利除以流通在外股數 5 億 8,909 萬股，可以算出該建案的總 EPS 約 8 元（＝ 47 億 3,215 萬 9,000 元 ÷5 億 8,909 萬）。

其餘建案，依照每個建案的總銷金額，粗估一個適當的

表3 宏盛新世界二期2016年尚未完工
——宏盛（2534）待售房地明細表

項目名稱	代號	2017.12.31金額（千元）	2016.12.31.金額（千元）
宏盛陽明	福1	583,273	1,051,841
宏盛得意山莊微風區	奇1	604,476	–
宏盛帝境	都3	147,699	375,930
宏盛新世界一期	新2	339,923	1,916,304
宏盛新世界二期	新1	4,377,273	–
宏盛帝寶	廣1	186,160	186,160
信義帝寶	F11	–	64,833
宏盛博第	盛10A	2,234	2,234
宏盛國際金融中心	捷4	–	3,944,485
伯爵特區	灣6	9,264	9,264
小計		6,250,302	7,551,051
備抵存貨跌價損失		-8,934	-8,934
合計		6,241,368	7,542,117

資料來源：宏盛 2017.Q4 個體財報

毛利率與稅後淨利率，再除以流通在外股數，可以得到每個建案的 EPS。由於資訊不對稱，這樣的做法無法算得非常精準。但是沒有關係，其實只要抓住大方向就好，一定

表4 宏盛新世界二期若完銷，預估可貢獻EPS 8元

項目	成屋推案					
	仁愛帝寶	宏盛陽明	得意山莊微風區	宏盛帝境	新世界一期	
地區	台北市大安區	台北市士林區	台北市北投區	新北市新莊區	新北市淡水區	
總營收（億元）	－	40.0	12.0	16.0	50.0	
可售金額（億元）	8.9	11.1	6.4	2.9	5.1	
已售金額（億元）	－	28.9	5.6	13.1	44.9	
銷售率（％）	－	72	47	82	90	
總 EPS（元）	－	3.5	1.0	1.5	3.0	
尚未簽約EPS（元）	1.00	0.97	0.23	0.27	0.31	

註：1. 千元以下採四捨五入計算
　　2. 此表是在 2017 年下半年做的估計，與現有實際情況可能不符
　　3.「宏盛陽明」、「得意山莊微風區」、「宏盛帝境」和「新世界一期」部分獲
　　　利已於 2017 年以前認列
　　4.「汐止智1」、「裸心納景」、「建北案帝璽」、「黃金海岸」等建案因為資

不可能完全正確。

　　至於銷售率的數字，主要是來自新聞報導，通常都會高估。此外，也可以親自走一趟銷售中心，感受現場的熱度，詢問業務員目前銷售的進度，或是觀察銷售控制表，了解已銷售的戶數，或是直接去電詢問發言人。

——宏盛（2534）建案預估獲利計算表

預售推案			建構中		
新世界二期	得意山莊春風區	海洋都心二期	海洋都心三期中央花園	宏盛新世界三期水悅	海上皇宮
新北市淡水區	台北市北投區	新北市淡水區	新北市淡水區	新北市淡水區	新北市淡水區
105.0	22.0	10.0	18.0	105.0	34.9
36.7	15.5	1.2	16.8	51.7	34.9
68.3	6.5	8.8	1.2	53.3	–
65	30	88	7	51	0
8.0	1.5	1.0	1.5	6.0	1.5
2.80	1.06	0.12	1.40	2.95	1.50

料不足，未納入表中
5.「宏盛國際金融中心（捷四）／信義帝寶」為出租建案，未納入表中
6.2018 年、2019 年 EPS 估算方式是將建案已售出部分的獲利認列在建案完工的年度
資料來源：宏盛季報、年報和法說會資料

經過一番辛苦的調查整理後，可以完成表 4 的各建案獲利預估表。

步驟 3》以每股淨值＋未來每股獲利折現值估價

依據前述資訊，宏盛於 2017 年 6 月底的每股淨值為

17.9 元，預估 2017 年下半年的 EPS 2 元，2018 年的 EPS 5.47 元，2019 年的 EPS 3.4 元。

　將每股淨值加上已簽約未交屋的潛在獲利的折現值，以及永續租金收入的折現值，可以算出宏盛的價值為 28.9 元，計算式如下：

$$P=17.9+2+\frac{5.47}{(1+15\%)^1}+\frac{3.4}{(1+15\%)^2}$$

$$+(\frac{0.25}{(1+15\%)^1}+\frac{0.25}{(1+15\%)^2}+\cdots\cdots+\frac{0.25}{(1+15\%)^n})$$

其中，$\frac{0.25}{(1+15\%)^1}+\frac{0.25}{(1+15\%)^2}+\cdots\cdots+\frac{0.25}{(1+15\%)^n}$

$$=\frac{\dfrac{0.25}{1+15\%}}{1-\dfrac{1}{1+15\%}}=\frac{0.25}{0.15}$$

$$P=17.9+2+4.76+2.57+1.67=28.9$$

　至於尚未簽約賣出的部分，若全部賣出，則可以貢獻 11.11 元。但尚未簽約賣出的部分，不一定賣得出去，因為隨著時間的經過，牆壁會開始斑駁變黃，價值會下降，

表5 **宏盛建案2019年可認列EPS 3.4元**
——宏盛（2534）建案EPS認列時程表

建案名稱	2017	2018	2019	尚未簽約EPS
仁愛帝寶	−	−	−	1.00
宏盛陽明	−	−	−	0.97
得意山莊微風區	0.30	−	−	0.23
宏盛帝境	−	−	−	0.27
宏盛新世界一期	2.50	−	−	0.31
宏盛新世界二期	1.20	4.00	−	2.80
得意山莊春風區	−	0.44	−	1.06
海洋都心二期	−	0.88	−	0.12
海洋都心三期中央花園	−	−	0.10	1.40
宏盛新世界三期水	−	−	3.05	2.95
宏盛國際金融中心（捷四）／信義帝寶	0.07	0.15	0.25	0
合計	4.07	5.47	3.40	11.11

註：1.單位為元；2.「宏盛陽明」、「得意山莊微風區」、「宏盛帝境」和「新世界一期」建案部分獲利已於2017年以前認列；3.「宏盛國際金融中心（捷四）／信義帝寶」隨著時間經過出租率會提高，獲利也會隨之變高

建商可能會以打折價格與特定人接洽。

　　因此，尚未簽約賣出的11.11元，我自己是設定應該要打5折左右，只能計算5.56元（＝11.11×50%），加

上已確定賣出的 28.9 元，宏盛的價值約為 34.46 元（＝
28.9 ＋ 5.56）。因此，我於 2017 年 8 月 25 日在網路
上公開推薦宏盛，推薦日的收盤價 21.8 元，並設定以 35
元的價格賣出。

　就持有績效來看，宏盛 2017 年 8 月 25 日的收盤價是
21.8 元，經過了 238 天，於 2018 年 4 月 20 日漲到
設定的目標價 35 元，我也全數賣出了，報酬率 61%（＝
（35÷21.8 － 1）×100%），年化報酬率 107%（＝
（61% ＋ 1）^（365÷238）－ 1，詳見圖 1）。

　賣出之後，宏盛的股價於 2018 年 6 月 26 日漲到
42.25 元的高點。雖然後面這一段沒有賺到有點可惜，但
我就是依據紀律操作，當公司股價低於公司價值就買進，
當股價超過公司價值就賣出，再去買進其他股價被低估的
股票。

　此外，就 EPS 的角度來看，宏盛 2016 年的 EPS 為 1.46
元，2017 年的 EPS 如預期增加，實際金額為 4.39 元，
比當時預估的 4.07 元還多。2018 年宏盛發放 2 元的股

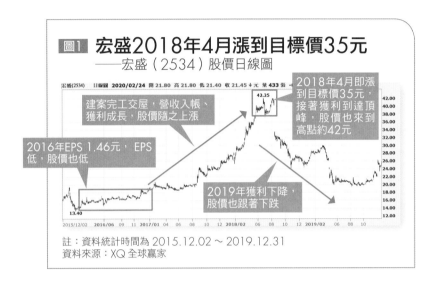

圖1 宏盛2018年4月漲到目標價35元
——宏盛（2534）股價日線圖

宏盛(2534)　日線圖 2020/02/24 開 21.80 高 21.80 低 21.40 收 21.45 ↓元 量 433 張

2018年4月即漲到目標價35元，接著獲利到達頂峰，股價也來到高點約42元

建案完工交屋，營收入帳、獲利成長，股價隨之上漲

2016年EPS 1.46元，EPS低，股價也低

2019年獲利下降，股價也跟著下跌

註：資料統計時間為 2015.12.02 ～ 2019.12.31
資料來源：XQ 全球贏家

票股利，若還原回去，EPS 為 4.88 元，低於原先預期的
5.47 元。實際的獲利受到交屋時間差的影響，雖然沒有完
全正確，但只要抓到獲利變化的趨勢，股價還是有機會朝
預期的方向前進。

　　從宏盛的股價線圖中也可以很明顯看出景氣循環股的變
化，例如宏盛 2016 年的 EPS 低，股價也低。隨著建案完
工交屋，營收入帳，獲利成長，宏盛的股價也開始上漲。
當 2018 年的獲利到達頂峰，股價也來到高點，2019 年

隨著獲利下降，股價也跟著下降。

　　若以本益比來計算，2016 年宏盛的本益比約 15 倍左右，2017 年與 2018 年，本益比在 5 到 7 倍之間。若以一般的邏輯衡量，2016 年的本益比偏高，不適合買進。而 2018 年的本益比偏低，應該在此時買進。然而，就實際情況而言，若投資人在 2018 年本益比低時買進，之後股價一路下跌，將產生投資損失。由此可知，本益比不是評價營建股的適當指標，反而是以每股淨值來估算，較接近股價的走勢。

²⁻¹⁰ 全坤建（2509）》
國際化經營 海內外皆賺

　　全坤建（2509）的前身為「保固建築開發股份有限公司」，1998 年更名為「全坤興業股份有限公司」，之後又於 2009 年更名為「全坤建設開發股份有限公司」。

　　觀察全坤建所推出的建案可以發現，都更案的比重很高，且主要以大台北地區為主。此外，全坤建非常強調國際化，建案跨及美國西雅圖與越南河內，海內、海外齊頭並進。

步驟 1》以營建股投資策略評分模型檢視基本面

　　由於我在寫稿時，距離我當初投資全坤建已經有一段時間，「全坤威峰」的建築工程履歷已經無法從網路下載，所以無法詳細描述，故而下面只會說明我當初在投資時是

運用何種邏輯做判斷。

　我是在 2018 年 2 月 25 日關注到全坤建的，當時全坤建的股本為 15 億 1,800 萬元，依照「丁彥鈞營建股投資策略評分模型」，全坤建的得分為 50 分，符合標準（詳見表 1）。

步驟 2》預估建案未來每股獲利

　從全坤建 2017 年的法説會資料中可以得知，位於台北市的「全坤威峰」建案總銷金額為 45 億元，當時預售屋已經售出 78%，賣得還不錯。如果全部完銷，總銷每股盈餘（EPS）約 8 元。該建案預計於 2018 年當年就會完工，挹注全坤建獲利。

　海外部分，位於美國西雅圖的「Green Villa Project」建案（後來更名為「O2」），預計於 2018 年完工，之後只租不售，每年可以帶來穩定的現金流入。由於匯率是不斷波動的，因此，粗估每年的租金收入可以貢獻 EPS 1 元左右。

表1　全坤建的營建股投資策略總分為50分
——全坤建（2509）之丁彥鈞營建股投資策略評分模型

面向	項目	權重（分）	得分（分）	總分（分）
成長性	與建案銷售有關的合約負債	5	5	14
	與建案銷售有關的未認列合約承諾	5	5	
	與建案銷售有關的每股未認列合約承諾	10	4	
獲利性	毛利率	10	6	8
	營業淨利率	10	2	
穩定性	營業活動現金流量	5	2	14
	營業淨利	5	4	
	本期淨利	5	3	
	現金股利	5	5	
安全性	滯銷率	10	0	0
價值性	每股潛在獲利	10	4	14
	股價淨值比	20	10	
合計				50

註：資料統計時間為 2018.02.25；得分標準詳見 2-1

　　當時最近一期的財報為 2017 年第 3 季合併財報，每股淨值為 20.36 元，預計 2018 年有「全坤威峰」的建案入帳，可以貢獻 EPS 8 元，且 2019 年以後每年都有 EPS 1 元的租金收入。

步驟 3》以每股淨值＋未來每股獲利折現值估價

　　若依據純學術的模型，假設折現率為 15%，則將未來的獲利以折現率換算成現在的價值，以及永續租金收入的折現值，再加上每股淨值，約略可以算出全坤建 2018 年 2 月 25 日的價值為 35.03 元，計算式如下：

$$P = 20.36 + 8 + \left(\frac{1}{(1+15\%)^1} + \frac{1}{(1+15\%)^2} + \frac{1}{(1+15\%)^3} \right.$$

$$\left. + \cdots + \frac{1}{(1+15\%)^n} \right)$$

$$其中， \frac{1}{(1+15\%)^1} + \frac{1}{(1+15\%)^2} + \cdots + \frac{1}{(1+15\%)^n}$$

$$= \frac{\dfrac{1}{1+15\%}}{1 - \dfrac{1}{1+15\%}} = \frac{1}{0.15}$$

$$P = 20.36 + 8 + 6.67 = 35.03$$

　　於是，我在臉書上公開推薦全坤建，並喊出 35 元的目

圖1　**全坤建2018年6月漲至目標價35元**
——全坤建（2509）股價日線圖

全坤建(2509)　日線圖　2020/02/21　開 22.45　高 22.45　低 21.65　收 21.70 s 元　量 80 張　-1.00 (-4.41%)

「全坤威峰」建案完工交屋，股價攀升，2018年6月7日即漲到目標價35元

進入盤整期

股價位於低點

進入建案空窗期，股價下跌

37.95

註：資料統計時間為 2016.01.04 ～ 2019.12.31
資料來源：XQ 全球贏家

標價。隨著全坤建的價值逐漸被市場看見，2018 年 6 月
7 日，全坤建果真達到目標價 35 元，我也賣出獲利了結（詳
見圖 1）。由於 2018 年 2 月 25 日未開盤，若以前一個
交易日的收盤價 21.65 元來計算，則持有 102 天，報酬
率 62%（＝（35÷21.65 － 1）×100%），年化報酬率
458%（＝（62% ＋ 1）^（365÷102）－ 1）。

　　股票賣出之後，「全坤威峰」建案於 2018 年第 4 季開
始交屋，有部分遞延到 2019 年交屋。而股價的走勢，在

2016 年與 2017 年全坤建獲利位於低點的時候，股價也位於低點。2018 年有「全坤威峰」的建案完工交屋，股價也開始慢慢向上爬，到了目標價 35 元以後，每當除權息有調整外，大概就是盤整。而 2019 年第 4 季開始，進入業績的空窗期，股價也開始盤跌。

　　由此可知，投資建設公司的股票，應該是在獲利低的年度買進股票。隨著建案完工時程的接近，股價也跟著上漲，等到營收與獲利認列，往往是股價的高點，之後進入業績空窗期，股價又會開始下跌。如果在建案交屋時賣出持股，往往能賣在股價高點。如此一來，在建案入帳前，買在股價低點；在建案入帳時，賣在股價高點，就能順利賺取價差。

新潤（6186）》
獲利由虧轉盈 毛利率佳

新潤（6186）的前身為「晶磊半導體股份有限公司」，2009 年更名為「晶磊興業股份有限公司」。之後新潤建設董事長轉投資的新潤興業入主晶磊興業股份有限公司。除了跨足房地產業以外，並於 2011 年將公司更名為「新潤興業股份有限公司」。新潤被借殼上市後，公司業務由電子項目轉變為營建項目，獲利情況也因此由虧轉盈。

步驟 1》以營建股投資策略評分模型檢視基本面

由於新潤財報揭露得比較不詳細，需要進行專業評估的部分較多，對於剛入門的投資人來說會過於艱澀，因此下文不會詳細介紹，只會說明我當初在投資時是運用何種邏輯做判斷。

　　我是在 2019 年 5 月 6 日注意到新潤的，當時依照丁彥鈞營建股投資策略評分模型，新潤的得分為 54 分，符合標準（詳見表 1）。

　　雖然新潤的獲利性 0 分，代表過去建案獲利很差，但經研究後發現，未來的建案毛利率佳，因此納入評估。

步驟 2》預估建案未來每股獲利

　　當時最近一期的財報是 2018 年第 4 季個別財報，從附註「九、重大或有負債及未認列之合約承諾」中可以看出，未認列合約承諾金額已達 50 億 7,087 萬元，以稅後淨利率 20% 計算，稅後淨利將有 10 億 1,417 萬 4,000 元（＝ 50 億 7,087 萬 ×20%）。除以股數 1 億股，可以算出 EPS 約為 10.14 元（＝ 10 億 1,417 萬 4,000÷1 億）。

　　之後，我再依據 591 房屋交易網以及新聞報導資訊，推測新潤各建案的銷售比率如表 2。

　　從表 2 中可以知道，如果新潤在手的所有建案全部都能

表1 新潤的營建股投資策略總分為54分
──新潤（6186）之丁彥鈞營建股投資策略評分模型

面向	項目	權重（分）	得分（分）	總分（分）
成長性	與建案銷售有關的合約負債	5	5	20
	與建案銷售有關的未認列合約承諾	5	5	
	與建案銷售有關的每股未認列合約承諾	10	10	
獲利性	毛利率	10	0	0
	營業淨利率	10	0	
穩定性	營業活動現金流量	5	3	16
	營業淨利	5	4	
	本期淨利	5	4	
	現金股利	5	5	
安全性	滯銷率	10	6	6
價值性	每股潛在獲利	10	4	12
	股價淨值比	20	8	
合計				54

註：資料統計時間為 2019.05.06；得分標準詳見 2-1

夠完銷的話，將有 91 億 5,000 萬元的收入，EPS 約有 15.39元。其中，2019年EPS 約可認列6.94元（= 4.12 + 2.82）、2020 年 EPS 約可認列 3.92 元（= 2.3 + 1.62）、2021 年 EPS 約可認列 4.53 元（詳見表 2）。

表2　新潤建案2020年可認列EPS 3.92元

建案	翠峰	A18	
總銷金額（千元）	2,460,000	1,700,000	
已售比率（%）	100	70	
已售金額（千元）	2,460,000	1,190,000	
總銷EPS（元）	4.12	2.82	
預計完工年度（年）	2019	2019	

資料來源：591房屋交易網、新聞報導、新潤季報、年報

步驟 3》以每股淨值＋未來每股獲利折現值估價

　　由於新潤的建案賣得非常好，推測應可順利完銷。若依據純學術的模型，並假設折現率為15%，則將未來的獲利換算成現在的價值，加上2018年年底的每股淨值14.67元，約略可算出新潤的價值為28.45元，計算式如下：

$$P=14.67+6.94+\frac{3.92}{(1+15\%)^1}+\frac{4.53}{(1+15\%)^2}$$

$$P=14.67+6.94+3.41+3.43=28.45$$

——新潤（6186）建案預估獲利計算表

	幸福莊園2	橋峰168	鉑麗	合計
	1,540,000	750,000	2,700,000	9,150,000
	44	100	0	—
	677,600	750,000	—	5,077,600
	2.30	1.62	4.53	15.39
	2020	2020	2021	—

　　新潤的股價在我買進之後緩慢上漲。2019 年 8 月 12 日，新潤公布 2019 年第 2 季個別財報，此時附註「九、重大或有負債及未認列之合約承諾」中揭露「未認列合約承諾」有 79 億 3,242 萬元。

　　然而，從表 2 中可以知道，新潤的 5 個建案加起來，總銷金額才 91 億 5,000 萬元，79 億 3,242 萬元就等於總銷金額的 87%。可是，就當時的情況而言，「鉑麗」建案才剛開始賣，不可能一下子就賣完，因此我認為當時新潤的業績應該是沒有賣得這麼好，我怎麼算都算不出有 79 億 3,242 萬元的未認列合約承諾。

　　我也曾致電新潤發言人詢問各建案的銷售狀況，但發言人表示，財報所揭露的資訊都是經過會計師簽證的，不會有問題，但我心裡就是覺得怪怪的。於是等到 2019 年 8 月 28 日，新潤的股價在發放 1 元的現金股利後，漲到我設定的目標價 27 元，我就開始獲利了結。

　　賣出手中持股以後，我仍持續追蹤此檔股票。2019 年 11 月 13 日，新潤公布第 3 季財報，然而附註「九、重大或有負債及未認列之合約承諾」中揭露的未認列合約承諾金額僅剩 63 億 2,961 萬 2,000 元。通常在沒有建案完工交屋的情況下，未認列合約承諾的金額是不會減少的。

　　致電給新潤發言人求證後得知，第 1 季揭露的金額，合建建案只計算建商分得的部分；第 2 季揭露的金額，包含地主分得的部分；第 3 季揭露的金額，又僅包含建商分得的部分。換句話說，第 2 季揭露的金額錯了。

　　由於未認列合約承諾是非常重要的會計項目，公司都承認自己財報有誤，又不願意發重大訊息提醒投資人，我覺得這樣的心態不好。依據會計的一致性原則，前後兩期必

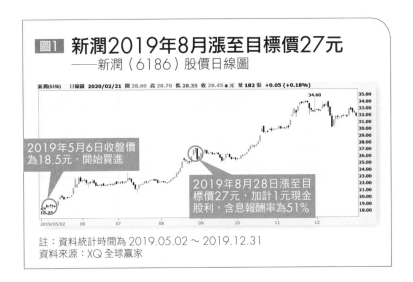

圖1 新潤2019年8月漲至目標價27元
——新潤（6186）股價日線圖

新潤(6186)　日線圖　2020/02/21　開 28.60　高 28.70　低 28.35　收 28.45 s 元　量 182 張　+0.05 (+0.18%)

2019年5月6日收盤價為18.5元，開始買進

2019年8月28日漲至目標價27元，加計1元現金股利，含息報酬率為51%

34.60

註：資料統計時間為 2019.05.02～2019.12.31
資料來源：XQ 全球贏家

須採用相同的邏輯揭露，讓投資人可以做出正確的判斷。

　　當財報有誤，但公司又不願意更正時，有可能導致投資人做出錯誤的決策。因此，當新潤的股價達到目標價 27 元後，我就果斷賣出持股。雖然之後新潤的股價持續上漲，於 2019 年 11 月 29 日漲到近年高點 34.6 元，但我一點都不後悔。

　　2019 年 12 月，隨著新潤 2019 年 11 月營收的公告

出來以後，可能是投資人發現營收低於預期，後來股價就開始往下跌。到了 2020 年 2 月，股價回到了我覺得合理的價格，約 27 元、28 元左右。

　　就持有績效來看，我從 2019 年 5 月 6 日開始買進新潤的股票，當時收盤價為 18.5 元，於 2019 年 8 月 28 日漲到目標價 27 元時賣出，還領到 1 元的現金股利，持有 114 天，報酬率 51%（＝（（27 ＋ 1）÷18.5 － 1）×100%），年化報酬率 277%（＝（51% ＋ 1）^（365÷114）－ 1，詳見圖 1）。

國家圖書館出版品預行編目資料

丁彥鈞自創投資評分表　教你輕鬆學會投資營建股 /
丁彥鈞著. -- 一版. -- 臺北市：Smart智富文化, 城邦
文化, 2020.03
　面；　公分
ISBN 978-986-98797-0-5(平裝)

1.股票投資 2.投資技術 3.投資分析

563.53　　　　　　　　　　　　　109002613

Smart 智富

丁彥鈞自創投資評分表　**教你輕鬆學會投資營建股**

作者	丁彥鈞
商周集團	
執行長	郭奕伶
Smart 智富	
社長	林正峰（兼總編輯）
總監	楊巧鈴
編輯	邱慧真、施茵曼、林禺盈、陳婕妤、陳婉庭 蔣明倫、劉鈺雯
資深主任設計	張麗珍
版面構成	林美玲、廖洲文、廖彥嘉
出版	Smart 智富
地址	115 台北市南港區昆陽街 16 號 6 樓
網站	smart.businessweekly.com.tw
客戶服務專線	（02）2510-8888
客戶服務傳真	（02）2503-6869
發行	英屬蓋曼群島商家庭傳媒股份有限公司城邦分公司
製版印刷	科樂印刷事業股份有限公司
初版一刷	2020 年 3 月
初版四刷	2024 年 5 月
ISBN	978-986-98797-0-5

定價 320 元

為了提供您更優質的服務，《Smart 智富》會不定期提供您最新的出版訊息、優惠通知及活動消息。請您提起筆來，馬上填寫本回函！填寫完畢後，免貼郵票，請直接寄回本公司或傳真回覆。Smart 傳真專線：（02）2500-1956

1. 您若同意 Smart 智富透過電子郵件，提供最新的活動訊息與出版品介紹，請留下電子郵件信箱：

2. 您購買本書的地點為：□超商，例：7-11、全家
　　　　　　　　　　　□連鎖書店，例：金石堂、誠品
　　　　　　　　　　　□網路書店，例：博客來、金石堂網路書店
　　　　　　　　　　　□量販店，例：家樂福、大潤發、愛買
　　　　　　　　　　　□一般書店

3. 您最常閱讀 Smart 智富哪一種出版品？
　□ Smart 智富月刊（每月 1 日出刊）　　□ Smart 叢書　　□ Smart DVD

4. 您有參加過 Smart 智富的實體活動課程嗎？　□有參加　　□沒興趣　　□考慮中
　 或對課程活動有任何建議或需要改進事宜：

5. 您希望加強對何種投資理財工具做更深入的了解？
　□現股交易　　□當沖　　□期貨　　□權證　　□選擇權　　□房地產
　□海外基金　　□國內基金　　□其他：

6. 對本書內容、編排或其他產品、活動，有需要改善的事項，歡迎告訴我們，如希望 Smart 提供其他新的服務，也請讓我們知道：

您的基本資料：（請詳細填寫下列基本資料，本刊對個人資料均予保密，謝謝）

姓名：	性別：□男　□女
出生年份：	聯絡電話：
通訊地址：	

從事產業：□軍人　□公教　□農業　□傳產業　□科技業　□服務業　□自營商　□家管

您也可以掃描右方 QR Code、回傳電子表單，提供您寶貴的意見。

想知道 Smart 智富各項課程最新消息，快加入 Smart 自學網 Line@。

● 填寫完畢後請沿著右側的虛線撕下。

104 台北市民生東路 2 段 141 號 4 樓

行銷部 收

●請沿著虛線對摺，謝謝。

●填寫完畢後請沿著左側的虛線撕下。

書號：WBSI0093A1

書名：丁彥鈞自創投資評分表 **教你輕鬆學會投資營建股**